MOLIÈRE
LE TARTUFFE

Recently available in the BCP French Texts Series:

Forthcoming:

MOLIÈRE
LE TARTUFFE
ou l'Imposteur

EDITED WITH INTRODUCTION AND NOTES
BY RICHARD PARISH
FELLOW OF ST. CATHERINE'S COLLEGE, OXFORD

PUBLISHED BY BRISTOL CLASSICAL PRESS
GENERAL EDITOR: JOHN H. BETTS
FRENCH TEXTS SERIES EDITOR: EDWARD FREEMAN

Cover illustration: Louis Jouvet as Tartuffe (Théâtre de l'Athénée, 1950).
[Drawing by Des Heavan]

Published by Bristol Classical Press
an imprint of
Gerald Duckworth & Co. Ltd
The Old Piano Factory
48 Hoxton Square, London N1 6PB

A catalogue record for this book is available
from the British Library

ISBN 1-85399-347-6

Available in USA and Canada from:
Focus Information Group
PO box 369
Newburyport
MA 01950

Printed in Great Britain by
Booksprint, Bristol

CONTENTS

for Carol

ACKNOWLEDGEMENTS

Certain parts of the introduction have previously been published in *The Seventeenth Century*, vol. VI, No. 10 (Spring 1991) 73-88. I am grateful to the editors of that journal for permission to reproduce extracts here. I should also like to thank Nicholas Hammond for reading and commenting on a first draft.

REFERENCES

I have limited references to secondary material within the text to page numbers; further information is contained in the bibliography. References to certain seventeenth-century publications and to some later (brief) critical reactions which are reproduced in modern anthologies or analyses carry page references to those publications, preceded by the name of the editor or author. References to reviews of twentieth-century productions of the play published in newspapers carry the date and, where identified, the name of the reviewer, but no page reference. The majority of such reviews has been consulted in the theatre archive of the Bibliothèque de l'Arsenal, Paris. Biblical references are from *La Bible de Jérusalem* (Paris, 1955). Finally, I have provided a glossary of certain technical terms used in the introduction and notes. These are indicated by an asterisk in the text.

INTRODUCTION

Les classiques ne sont immobiles que dans la mesure où nous
acceptons de l'être.

Roger Planchon

Le Tartuffe is among the comic dramatic texts which centuries of performance and study have identified as offering the most enduring challenges
to its interpreters. The diversity of readings, both on- and off-stage, bears
witness to the play's fertility; and any critical edition of such a controver-
sial text will also be, to some degree, an interpretation. The following
remarks are offered in full awareness of that element of subjectivity.

Genre

Le Tartuffe is a comedy. Molière's term, *comédie*, may not be exactly
translated as *comedy*, but by a process of eliminating the alternative
generic descriptions he might have offered (*tragi-comédie, comédie hé-
roïque, comédie-ballet*), we arrive at a minimal definition. The need to
make such an obvious point stems in turn from a tendency to overlook the
fact in certain critical reactions: the *Journal des débats* of 6 May 1839, for
example, described *Le Tartuffe* as 'la plus terrible tragédie qui soit sortie
de la tête des hommes'; Edmond Sée, in *L'Opéra* (23 January 1946),
evokes the play's 'tragique et multiple signification humaine et sociale';
and even Antoine Vitez describes it as 'un mélange de farce et de tragédie'
(*L'Humanité*, 13 May 1977).

Such remarks can only be made if we assume that neither comedy nor
tragedy has any validity as a technical term in the seventeenth century or
subsequently. *Le Tartuffe*, in terms of the period of its creation, is a comedy
because it deals with a contemporary, bourgeois milieu, rather than a
historical or mythological subject; it is a comedy because it offers a plot
and a dénouement in which young love triumphs over parental authority;
and it is a comedy because it is destined, by virtue of various devices, to
make its audience laugh. The performance of comedy is the enactment of
an imagined episode in which the dramatist seeks to deform, rather than
simply to portray a given social milieu and sequence of encounters within
it; and such an episode may, as in the case of *Le Tartuffe*, be situated within
a particular contemporary framework. The play, in its external reference,
its characterization and its structures, is thus poised between stylization

ix

and naturalism; and it is too simple an allegiance to one or the other of these poles that has on occasion deflected critical responses towards false generic assumptions. *Le Tartuffe* may be a dark comedy (in certain readings at least); or a thought-provoking comedy; and it is incontrovertibly a comedy in which catastrophe is only narrowly averted. But the essential boundaries within which it operates are unambiguous.

Yet to say as much is not to underplay the variety of formal subdivisions which such a description allows. Comedy is a hybrid genre; and *Le Tartuffe* is no exception, containing as it does features from a variety of constituent categories:

farce offers the exploitation of routines, both verbal and visual. It encompasses physical and gestural comedy, culminating in the failed *soufflet* of II, ii. It provides for caricature, both in figures portrayed and described, and impersonation; and in particular for disguise, both literal and metaphorical, with the inevitable outcome of misunderstandings and misapprehensions (*quiproquos**). And the various more or less successful attempts at the formation of stratagems, with a succession of characters acting as *meneurs de jeu** in their attempts to advance the action, is also rooted in farce;

satire, more particularly the comic subversion of contemporary institutions, is directed principally at two such: at the family (notably, but not exclusively, at paternal [Orgon] and matriarchal [Madame Pernelle] authority); and at the Catholic Church, in a wide diversity of manifestations, which I shall examine at greater length later in these remarks;

verbal comedy most saliently takes the form of parody: of the heroic register (in the figure of Damis, and in the terms of the dénouement); and of a wide range of religious discourse: the Bible, liturgical and personal prayer, and the terminology both of theological argument and spiritual direction. In addition, we find the comic exploitation of rhyme, verse form and register; and such devices as irony, double irony, hyperbole* and *reductio ad absurdum**;

finally *comedy* shows itself as stylized and wilfully artificial (and thus self-referential) in such features as coincidence, exaggeration, symmetry and, notoriously, *deus (rex) ex machina** at the play's dénouement.

Structure (i): the origins of the text

The problem of the structure of *Le Tartuffe* is to some extent insoluble on the grounds of a lack of historical evidence. What is generally accepted is that the text as we have it is the third version of the play to appear during the dramatist's lifetime. The earliest predecessor was a three-act version, first performed on 12 May 1664 as part of *Les Plaisirs de l'île enchantée*, and convincingly (but not unquestionably) shown to have consisted of the current Acts I, III and IV (the matter is complicated by the reference in La Grange's *Registres* to 'trois actes du *Tartuffe* qui étaient les trois premiers' [Scherer 45]). No detailed information is available about this version, despite hypothetical reconstructions; however, in the words of a contemporary *relation*, the king's 'extrême délicatesse pour les choses de la religion ne put souffrir cette ressemblance du vice avec la vertu, qui pouvaient être prises l'une pour l'autre, et quoiqu'on ne doutât point des bonnes intentions de l'auteur, il la défendit pourtant en public, et se priva soi-même de ce plaisir, pour n'en pas laisser abuser à d'autres, moins capables d'en faire un juste discernement' (Collinet 33). The first *placet* dates from August of the same year.[1]

The second version, in five acts and entitled *Panulphe*, received a single public performance, on 5 August 1667, during the king's absence on the battlefield. A second ban ensued (6 August 1667), originating from Guillaume de Lamoignon, first president of the *Parlement de Paris* and a member of the *Compagnie du Saint-Sacrement*, reinforced by the Archbishop of Paris on 11 August. The second *placet* was meanwhile delivered to the king (8 August 1667); but it was not until 5 February 1669 that a (triumphantly successful) public performance of the final version of *Le Tartuffe* was authorized, even if certain reactions were still more attentive to the scandal than to the play's intrinsic qualities. The *Lettre satirique* of 1670 concludes:

Je sais que le *Tartuffe* a passé son espoir,
Que tout Paris en foule a couru pour le voir;
Mais avec tout cela, quand on l'a vu paraître,
On l'a tant applaudi, faute de le connaître;
Un si fameux succès ne lui fut jamais dû;
Et s'il a réussi, c'est qu'on l'a défendu.

Mongrédien (176)

It is impossible to ascertain the exact nature of the changes effected between the first *Tartuffe*, *Panulphe* and the final version of 1669, although

1. Subsequent command performances took place: at Villers-Cotterêts for Monsieur (the King's brother) on 25 September and *chez* the Princess Palatine at Le Raincé, for Condé, on 29 November (already, according to La Grange, in a five-act version). It was then performed at the Palais-Royal on 8 November 1665. The second version of the play was performed at Chantilly for Condé in 1668.

the anonymous *Lettre sur la comédie de l'Imposteur* (hereafter *LCI*) provides some incidental evidence on points of detail between the two later versions. Collinet describes the *LCI* as 'précieuse par ce qu'elle nous apprend de la pièce perdue', but also as valuable for the 'idées courageuses et lucides que l'œuvre inspire à son chaleureux défenseur' (45); and Mongrédien as 'cet unique témoignage, très sympathique d'ailleurs à Molière' (124). Published anonymously on 20 August 1667, it was reprinted in Holland in the following year. The first part, which consists substantially of paraphrase, shows that Molière had virtually given the definitive structure to *Le Tartuffe* in 1667, whilst allowing the reader to discern how, in Mongrédien's terms, Molière 'a sérieusement travaillé à parfaire le texte [...] de 1667 à 1669'. He adds: 'L'auteur s'est surtout attardé sur les scènes où paraît Panulphe et sur celles où son entrée tardive [...] est préparée' (124). The second part consists of two reflexions: first, on the general question of the treatment of religious subjects in the theatre, which it defends in the name of 'La Raison et la Vérité'. Religion should have the courage to appear in places unworthy of it in the interests of its promotion: 'Il ne faut pas donc qu'elle dédaigne de paraître dans ces lieux, et qu'elle ait si mauvaise opinion d'elle-même que de penser qu'elle puisse être avilie en s'humiliant' (Mongrédien 158-9). Secondly, the writer deploys the *castigat ridendo mores** topos*, the conventional if at times disingenuous justification of comedy on corrective grounds: 'si quelque chose est capable de mettre la fidélité des mariages à l'abri des artifices de ses corrupteurs, c'est assurément cette comédie' (Mongrédien 160). He thereby claims to show how the theatre, in its denunciation of hypocrisy, uses ridicule to support reason (an argument which is also extensively exploited by Molière in the *placets* and *Préface*).

If the principal alterations between the three versions can only be surmised, their probable form is resumed in Mongrédien's summary that 'des adoucissements avaient été apportés au texte' (123). The title was finally amended from *Tartuffe ou l'hypocrite*, via *Panulphe ou l'imposteur* to *Le Tartuffe ou l'imposteur*; the insincerity of Tartuffe was stressed within the text (for example by stage directions, such as the unambiguous 'C'est un scélérat qui parle' [IV, 5]); the role of Cléante was no doubt amplified, in particular in I, 5, where his speeches (apparently) enunciate an emphatic distinction between true and false *dévotion*; and the defeat of the impostor at the hands of the king closed the fifth act. Much critical attention has also been given to the exact status of Tartuffe, discerning a development (on external evidence from the second *placet* and internal evidence of *vraisemblance*) from ecclesiastic to man of the world. House, in a helpful article, makes the valid point that Tartuffe can not have been portrayed as a priest in the 1669 version, since his proposed marriage to Mariane is one of the 'ressorts de la comédie'; he thus concurs in charting an evolution, whereby the Tartuffe of the 1664 text was in orders, and was then 'laïcisé et destiné à Mariane' in the final version (130).

The problem with this kind of identification, however, is that it presupposes a contemporary model, on whom the fictional character is based, and furthermore assumes that an evolution in textual presentation reflects a development of that model. Satire appeals to contemporary issues for its impact; but it may well also contribute to the creation of types who exist autonomously, or who at least are adapted as the result of aesthetic or generic criteria, rather than mimetic ones. Tartuffe is constrained by *vraisemblance* to the extent that his naturalistic portrayal requires his intrusion into the Orgon household to be plausible. To that degree, the indications in the text show a Tartuffe who is in turn: (i) falsely pious; (ii) not celibate either by his inclination or his status; (iii) criminal. But equally importantly, he is aesthetically defined by his capacity for formal and comic interaction within a structural, narrative and theatrical framework. The fruitless search for contemporary role models had contributed little to the interpretation of the play.

Structure (ii): the play as we have it

As will be obvious from what has preceded, the dramatic text does not emerge in its final form out of a creative vacuum. It is not a given; rather it is an aesthetic construct, with the playwright engaged in the business of controlling and crafting his material. Further, in distinction to the tragic playwright, he is using a more heterogeneous range of models, types and topoi*. Comedy, to repeat, is a hybrid, and there may thus be juxtaposition as well as integration of the constituent features: most notably in this play, we encounter the alternation of scenes of debate and of action; of decorum and of broad physical comedy; of naturalism and of farce.

More fundamentally, *Le Tartuffe* has two main protagonists (Orgon and Tartuffe), two (interrelated) plots (the thwarted love of Mariane and Valère; the invasion of Orgon's household and its consequences) and two dénouements (the disillusionment of Orgon and the removal of Tartuffe). Structurally Orgon is unquestionably dominant, and is also a critical figure in terms of parallels with other plays (as well as being Molière's own role). The writer of the *LCI* describes 'le changement qui se fera en [Orgon] quand il sera désabusé' as 'proprement le sujet de la comédie' (Mongrédien 134). In addition, vital questions about the destructive influence of Christianity depend much more on Orgon than on Tartuffe; as Mauriac commented on Louis Jouvet's staging (*Le Figaro*, 13 February 1950): 'C'était en effet l'imbécilité d'Orgon, vrai dévot, et non l'imposture de Tartuffe, qui y rendait le christianisme ridicule'.

Tartuffe, on the other hand, is significant not just visually but verbally:

he dominates the scenes in which he speaks. He is thus accorded (enhanced by the delay in his appearance) an archetypal, bravura status that intensifies his importance as an 'event' and gives him a particular depth, but thereby detracts, during his presence on stage, from the horizontal impetus of the play (the resolution of the Mariane–Valère plot). He is not, manifestly, an allegorical figure, with all that such a term implies (despite the crucial definite article in the play's title), but there is in him something of the vehicle, carrying a whole range of religious parody, and of the *sui generis* comic creation, deployed independently of his particular fictional circumstances. Put another way, the scenes with Elmire scarcely need a plot to realize their satirical and comic potential. And yet he is also the intruder, he is involved in the plot, and must be expelled from the closed milieu which he has infiltrated. Thus, irrespective of his criminality, it is equally his parodic depth and his comic domination that necessitate his removal by an extrinsic force, in order for the primary (familial) dénouement to be ratified. His intrusiveness is as much generic as political.

There are two related problems: the delay in seeing Tartuffe; and the dénouement. The first is largely addressed by according an appropriate dimension to the *fil conducteur* of the play, the proposed marriage between Mariane and Valère, and resisting any temptation to underplay the second act. The writer of the *LCI* glosses the transitions between the first three acts as follows:

> Par là finit le [second] acte, qui laisse, comme on voit, dans toutes les règles de l'art, une curiosité et une impatience extrême [*sic*] de savoir ce qui arrivera de cette entrevue [between Elmire and Tartuffe concerning the marriage of Mariane and Valère], comme le premier avait laissé le spectateur en suspens et en doute de la cause pourquoi le mariage de Valère et de Mariane était rompu, qui est expliquée d'abord à l'entrée du second[...]. C'est peut-être une adresse de l'auteur, de ne l'avoir pas fait voir plus tôt, mais seulement quand l'action est échauffée.
>
> Mongrédien (139)

The very qualities in the depiction of Tartuffe, in other words, necessitate some proportion being accorded to his role. On the dénouement, the same writer comments:

> L'esprit de tout cet acte [V][...] n'a été que de représenter les affaires de cette pauvre famille dans la dernière désolation par la violence et l'impudence de l'imposteur [...] de sorte qu' à moins de quelque Dieu qui y mette la main, c'est-à-dire de la machine, [...] tout est déploré.
>
> Mongrédien (155-6)

He considers that Molière, in the dénouement, 's'est surpassé lui-même, n'y ayant rien de plus grand, de plus magnifique et de plus merveilleux, et cependant rien de plus naturel, de plus heureux et de plus juste' (Mongrédien 156). And his ensuing encomium* of Louis XIV mirrors that contained in the play.

Two of the first critics of the dénouement were the writer of the *Lettre satirique*, who pithily commented: 'Le cinquième acte vient, et nous fait avouer/Qu'il [Molière] en tranche le nœud, qu'il n'a su dénouer' (Mongrédien 175); and, according to the *Mémoires de Brossette*, Boileau, who proposed an alternative, whereby '[Molière] pouvait, après la découverte de l'imposture de Tartuffe, faire délibérer sur le théâtre, par tous les personnages de la comédie, quelle peine on ferait souffrir à ce coquin [...]. Ce qui aurait fini agréablement la comédie' (Collinet 17). And a modern production in Brussels (Théâtre des Galeries, 1966) simply detached the dénouement from the rest of the play: as André Paris reported in *Le Soir* (6 April 1966), 'le rideau tombe au moment du dépouillement d'Orgon, et un comédien "introduit" le dénouement'.

On the other hand, in Planchon's reading, where the political dimension is prioritized throughout, 'le cinquième acte [...] apparaît comme l'une des démonstrations essentielles de la pièce [...], coup de tonnerre qui réaffirme la priorité de la cause royale sur l'idéologie personnelle' (Catherine Unger in *La Tribune de Genève*, 23 February 1974). (And in that of Vitez, 'un cri affreux permet de supposer que Tartuffe est égorgé dans la rue' [Antoine Vitez in *Le Monde*, 19 May 1977].) Bray too stresses that, in the dénouement, 'le directeur [...] exprime sa gratitude à celui qui a enfin permis une représentation tant attendue, qui a discerné la vraie nature d'un théâtre que des ennemis intéressés prétendaient diabolique' (32); 'au terme de la longue campagne menée contre la cabale dévote, ce geste servait les intérêts de la troupe' (218). Finally, for Scherer: 'Ce revirement est l'œuvre d'une puissance qui devait entrer en jeu à ce moment-là, dont l'intervention n'a rien d'arbitraire, mais qui n'en revêt pas moins tout le prestige de la royauté. Comme la grâce divine, elle intervient à son heure, dans la lumière' (207).

The real difficulty of the dénouement lies not, then, in the *rex ex machina** intervention, but in the play's bicephalous nature and, to repeat, in certain false assumptions about naturalism. On the first point, it is precisely the conflation of the two comic themes which results in the need for the intruder, after the monomaniac has been enlightened, to be removed (and, unlike a 'cassette' or other inanimate object of devotion, he cannot simply be disposed of). The basic thwarted love plot has been overtaken by the implications of the criminally/sexually motivated intruder, and the sub-text of the traditional primary dénouement has usurped it to become the dominant dramatic consideration of the play's last act. To address the second point, we must begin by noting that comedy proposes a progressive increase in disorder (as Vitez's reading will highlight); thus the dénouement may not simply seal an internal resolution, since the departure from good order (the very subject-matter of the play) has made such an outcome impossible. The last scenes provide a stylized resolution to a stylized problem, and the only legitimate expectation of an audience may be that the tone and register of the dénouement are consonant with those of the play: a primarily farcical or balletic comedy will be resolved in different terms from one which goes some way towards a more naturalistic portrayal. *Le Tartuffe*, holding in tension as it does the dual requirements of a mimetic and an artificial aesthetic, must thus allow for both criteria to be satisfied.

The dénouement is therefore both powerfully contemporary in its political and religious implications; and blatantly self-referential, drawing attention to its own artifice by the provision of a fortuitous peripetia*. It is no doubt for such reasons that *Le Tartuffe* is singled out as an ideal by the novelist anti-hero of Gide's *Faux-Monnayeurs*, seeking as he does to create in his turn a work of art which would reflect the classical achievement: 'Je voudrais un roman', he writes, 'qui serait à la fois aussi vrai, et aussi éloigné de la réalité, aussi particulier et aussi général à la fois, aussi humain et aussi fictif qu'*Athalie*, que *Tartuffe* ou que *Cinna*'.

Sex, Politics and Religion

Sex

Sexual motives, concealed behind self-delusion, old age or religious belief are frequently portrayed by Molière (cf. *Les Précieuses Ridicules*, *Les Femmes Savantes*). *Le Tartuffe* shows a seducer, concealed behind a mask of piety, and identifying himself as such in the juxtaposition of his first interventions in the play (853-6; 860-2). However, by far the most fully exploited scenes are those devoted to the seduction of Elmire, in which the inversion or perversion of religious language from a variety of sources and registers is deployed satirically. And, inevitably, the discovery of behaviour in Tartuffe that is not just inconsistent with, but diametrically opposed to his apparent motives underlines the comic potential: the mask and the reality are contradictory. (Albanese timidly concedes that 'il n'est pas exagéré […] de considérer certaines des contradictions du faux dévot comme franchement comiques', but rapidly recants: 'le potentiel de danger inhérent à Tartuffe finit par neutraliser [ces] possibilités' [107].) It is no doubt these scenes which have led to the notoriety of *Le Tartuffe*, as I shall go on to consider, since, as Catherine Unger recognizes (*La Tribune de Genève*, 23 February 1974), commenting on Planchon's staging, 'toute la problématique de la dévotion et de la sexualité [sont les] fondements mêmes de la pièce'. The *LCI* too describes how Tartuffe 'se met à lui [Elmire] conter fleurette en termes de dévotion mystique, d'une manière qui surprend terriblement cette femme' (Mongrédien 140). More recent critics have also pointed the disparity between sexual desire and religious discourse. Riggs, for example, in an impressively wide-ranging and ambitious article, considers that 'the Tartuffian discourse will self-deconstruct as the palimpsest of desire breaks through the surface text of moralistic *dévotion*' (44). And Tobin, also emphasizing the conflict between speech and action, underlines the self-defeating aspect to Tartuffe's behaviour: 'Ce n'est donc qu'au moment où Tartuffe passe définitivement du constatif au performatif, dans les scènes avec Elmire, qu'il détruit l'autorité de son texte' (379).

Politics

Bray remarks that 'l'actualité politique, plus ou moins récente, n'est pas négligée [...]. Il est question [...] dans *Tartuffe* des troubles de la Fronde' (182). The middle years of the seventeenth century (1648-53) had been afflicted in France by an unfocussed but disruptive sequence of internal disturbances, involving in particular the provincial legislatures or *parlements* and, subsequently, the higher aristocracy. Both were engaged in a final, abortive attempt to assert their authority and privileges, faced with the growth of absolutism and ministerial power. These events, hardly worthy of the name of civil war, are generally referred to as the 'Fronde', and overshadowed the years of Louis XIV's minority. During this period of regency (that is, after the death of Louis XIII in 1643, and preceding the assumption of personal power by Louis XIV in 1661), the state was ruled by the queen mother, Anne d'Autriche and her chief minister, Cardinal Mazarin.

The political backdrop to the play is sketchy, but vital. The historical context is first made explicit in a first act reference, implying that Orgon had supported the cause of Louis XIV against the *frondeurs* ('Nos troubles l'avaient mis sur le pied d'homme sage,/Et pour servir son prince il montra du courage' [181-2]), but gains most significantly in importance in the fifth act, with the introduction of the all-important 'cassette' in V, i. It is appropriately emphasized here in order to prepare for the threat posed to Orgon by his association with a 'criminel d'État [...]/Dont [...]/Vous avez conservé le coupable secret' (1838-40). As Planchon comments (*ATAC Informations*, Janvier 1974), 'dans Orgon, on découvre un homme qui a donné son accord au roi mais qui, dans le même temps, entretient, par amitié, des contacts avec l'opposition'. Similarly Catherine Unger (*La Tribune de Genève*, 23 February 1974): 'Orgon entretient, à côté d'une vie publique dévouée à la cause royale, une politique personnelle grâce à laquelle il conserve des rapports avec les forces de l'opposition'.

Certain modern productions in particular have emphasized the political dimension: as Pierre Bertin remarks in the debate on the staging by Anouilh in 1960, 'Molière servait sûrement la politique de Louis XIV' (*Nouvelles littéraires*, 10 November 1960); Vitez saw the play as representing the bourgeois family as a microcosm of the patriarchal state; and finally, for Planchon, 'la pièce est totalement politique [...]. Molière ouvre la maison bourgeoise, dans laquelle les dimensions politiques se meuvent comme en chambre d'écho' (*Programme*). It follows from this that the concluding encomium* of the reigning monarch is a statement of largely metatheatrical interest, albeit incorporated thematically into the play, with the final peroration of L'Exempt making an adjudication in mock-heroic terms, similar to those of a Cornelian dénouement, between the noble and ignoble deeds of Orgon (1935-44). As B. Poirot-Delpech writes in a review of the 1964 Planchon production (Odéon) in *Le Monde* (11 March 1964): 'Ce qui est en question [...] ce sont des faits d'histoire – le pouvoir d'intimidation de la morale chrétienne et de la monarchie'. And, as both Riggs and Tobin have variously identified, *Le Tartuffe* may well be read as representing the triumph of plurality of expression and free-speech (polyvocality) in an absolutist (monologic) régime wherein a single voice of authority characteristically held sway.[2]

Religion

'Le catholicisme avait une querelle séculaire avec le théâtre et les acteurs, et elle revint à la surface, vers l'époque où parut *Tartuffe*, par un nombre considérable de publications' (Salomon 48). Relations in France between the Catholic Church and the theatre were, throughout the seventeenth century and beyond, conflictual, irrespective of any particular perceived offence. Those sections of the church which promoted an austere morality were predictably uncompromising, and found their most powerful spokesman in Nicole, whose *Traité de la comédie* appeared in 1667. But equally a figure such as Bossuet (*Maximes et réflexions sur la comédie* [1694]), who has come to be seen as encapsulating the orthodoxy of his age, is ferocious in his condemnation. Within this climate of disapproval, the threat of *Le Tartuffe* is easy to account for: if all theatre is sinful, comedy, as a frivolous genre, falls into a more sensitive category again; and comedy which addresses itself to religious issues, however superficially, pushes this tension to the limit.

Religious resonances permeate *Le Tartuffe*, but in a composite, and not

2. See, for a concise consideration of the contemporary political implications, Albanese 132-8.

simply a sectarian parody. First, we note references to the Bible, in particular in the appeals made by Madame Pernelle, Orgon and Tartuffe to the more dichotomous of Gospel injunctions, stressing the distinction between Christian ideal and secular realities. The potential for abuse in the interpretation of such passages is manifestly disconcerting, and the activity of drawing attention to any such potential is clearly a privileged function of satire.

Secondly, we find references to devotional aspects of the Catholic Counter-Reformation, whose influence imbued France in a diversity of manifestations throughout the seventeenth century: to spiritual reading in the reference to *La Fleur des Saints*; to prayers from the liturgy of the Mass, including the *Pater Noster*; to the cult of the Sacred Heart, in a conflation of Petrarchan* and devotional language and, vitally, to the *Salve Regina*. This last prayer, one of the major borrowings of III, iii, is among the most daring of all Molière's parodies. It takes as its starting point the incorporation of the language of sexuality into that of prayer and contemplation, and then quite simply reverses the pattern, so allowing the language of *dévotion* to be reincorporated into a scene of seduction. Furthermore, the central role accorded in the Western Catholic tradition to prayer to the Blessed Virgin opens up areas wherein the conventional sexual identification of the seducer with the male may allow him to borrow language from a tradition of prayer addressed, to put it simply, to a member of the opposite sex. Thus theatrical seduction is made to overlap with liturgical petition. Here is a seventeenth-century vernacular version:

Je vous salue Reine, mère de miséricorde: notre vie, notre douceur, et notre espérance, je vous salue. Nous élevons nos voix vers vous comme de pauvres exilés, et de malheureux enfants d'Ève. Nous poussons vers vous nos soupirs, gémissant et pleurant dans cette vallée de larmes. Soyez donc, s'il vous plaît, notre médiatrice et notre avocate. Tournez vers nous ces yeux si doux et si favorables de votre bonté. Et daignez, après que nous serons sortis de ce lieu de banissement, nous montrer le visage de Jésus, fruit sacré de votre sein bienheureux. Accordez-nous cette faveur, ô Marie, ô Vierge, ô Reine qui êtes si pleine de douceur, d'affection et de bonté pour les hommes.[3]

3. *L'Office de l'Église et de la Vierge en latin et en français avec les hymnes traduits en vers* (Paris, 1651) 248. These are the so-called *Heures de Port-Royal*. Other devotions, for example the *Alma Redemptoris Mater* (243-4), would provide similar if less striking parallels.

If in examining the parallels we move from the particular to the general, we first of all notice the degree of lexical overlap or similarity (mostly taken from III, iii and spoken by Tartuffe, although in one or two cases taken from IV, v or spoken by Elmire: in cases where there is a comparison, the *Salve Regina* is quoted first). Thus there are exact coincidences in the use of 'bonté', 'doux', 'douceur', 'sein', 'soupirs', 'voix'; and close overlaps between 'bienheureux'/'heureux' and 'bonheur', 'espérance'/'espoir', 'reine'/'souveraine', 'yeux favorables'/'œil bénin'; and, superficially the most striking, the vocative: thus 'ô Marie', 'ô Vierge', 'ô Reine'/'ô beauté', 'ô suave merveille'. We also find reflecting ternary* sequences, thus 'pleine d'affection, de douceur et de bonté'/'En vous est mon espoir, mon bien, ma quiétude' (957). Secondly we find more general resonances, notably in the according to Elmire of certain of the attributes more appropriately accorded to Mary: 'célestes appas', 'splendeurs plus qu'humaines', 'regards divins' and so on; and, most striking of all, in the overall similarity in the degraded position of the pleading figure between: 'gémissant et pleurant dans cette vallée de larmes', 'tournez vers nous ces yeux si doux'; and 'S'il faut que vos bontés veuillent me consoler/Et jusqu'à mon néant daignent se ravaler' (983-4).

A further question of contemporary reference concerns the writings of the early seventeenth-century bishop and spiritual director, François de Sales, particularly insofar as the definition of true *dévotion* is concerned. The *LCI* sees Cléante as representing 'la véritable dévotion' (indeed the tone of the whole piece is rather Cléante-like), so that 'le venin [...] est presque précédé par le contrepoison' (Mongrédien 131), an opinion more recently endorsed *inter alia* by Jacqueline Plantié.[4] Yet an examination of the critical passages from de Sales's *Introduction à la vie dévote* (most notably IV, 1, which is entitled: 'Qu'il ne faut point s'amuser aux paroles des enfants du monde') shows that the true meaning of *dévotion* in its authentic form has little in common with the philosophy, closer to *honnêteté*, propounded by Cléante. One extract in particular is remarkable for its similarity with the kinds of opinion expressed by a Dorine or a Cléante:

Tout aussitôt que les mondains s'apercevront que vous voulez suivre la vie dévote, ils décocheront sur vous mille traits de leur cajolerie et médisance: les plus malins calomnieront votre changement d'hypocrisie, bigoterie et artifices; ils diront que le monde vous a fait mauvais visage et qu'à son refus vous recourez à Dieu; vos amis s'empresseront à vous faire un monde de remontrances, fort prudentes et charitables à leur avis: Vous tomberez, diront-ils, en quelque humeur mélancolique, vous perdrez crédit au monde, vos

4. Plantié, esp 920-7.

vous rendrez insupportable, vous envieillirez devant le temps, vous
affaires domestiques en pâtiront; il faut vivre au monde comme au
monde, on peut bien faire son salut sans tant de mystères; et mille
telles bagatelles.

Dévotion therefore, even in its most smiling and *mondain* manifestations, is incompatible with a simple worldly code; and even the socially
acceptable *dévot* is susceptible to ridicule. As Robert McBride recognizes,
'Christian humanism is far from the humanism of *Tartuffe*, in spite of
similar appearances';[5] yet in order to fill the vacuum left by the parody of
other Christian standpoints, the temptation lies in the acceptance of a
spurious compromise. We are, however, held back from such a position if
we examine it at all carefully, and in this case when we recognize that the
adoption of the *raisonneur's* point of view is untenable within the Christian terminology of the period.

Thirdly, we should note implied critiques of contemporary religious
movements or tendencies. Initially the emphasis is on rigorism (the strict
application of the letter of the Christian law) and asceticism, of a kind
which would characterize the ethos of Port-Royal (the Paris house of the
austere Jansenist faction), or of the *Compagnie du Saint-Sacrement*, a
body committed to the promotion of Christian practice and morality
among the laity. This is especially true in the first act where, in the terms
of the *LCI*, it is shown how 'les dévots, ne s'arrêtant pas simplement à ce
qui est plus directement de leur métier, [...] passent au-delà sous des
prétextes plausibles à s'ingérer dans les affaires les plus secrètes et les plus
séculières des familles' (Mongrédien 133). But later, as the deceit of
Tartuffe becomes more evident, the potential for satire moves to a deformation of the arguments of scholasticism (the intellectual interpretation
of Christian doctrine), and of a laxist (that is, over-indulgent) application
of casuistry (the use of case ethics in the examination of individual
questions of conscience). Such an implied critique would furthermore be
consonant with the kind of satirical view of the contemporary practices of
the Society of Jesus promoted by Pascal in his *Lettres Provinciales*, the
first of which appeared in 1656.

Finally, we encounter references to theology, most notably in III, iii
to the teleological argument and to neo-platonism. The first is a common-
place of Christian apologetics, whereby the evidence of design and
benevolence in the visible creation is deemed to point to the existence
and goodness of the creator. This is in turn subtly juxtaposed with the
neo- platonic tenet that the perfect love of God is achieved only through
the perfect love of a fellow creature; and the cynical use of such a

5. McBride 69.

demonstration in the activity of seduction is one of Molière's most masterful conceits.

The religious debate revolves centrally around two points:

i) the degree to which the play is inherently concerned with questions of religion, which I have been seeking to elucidate above. *Le Tartuffe*, I suggest, constitutes a global attack on a whole spectrum of Christian arguments, practices and texts, and the various developments of the plot allow these to be successively *mis en valeur*. As Pierre Bertin remarked in reaction to Jean Anouilh's (strikingly secular) production (Champs-Élysées, 1960): 'Il y a dans *Tartuffe* toute l'histoire religieuse du xviie [siècle]' (*Nouvelles littéraires*, 11 November 1960);

ii) the extent to which an attack on the 'faux' has implications for the 'vrai', despite or because of the multiple disclaimers within and beyond the text (in the distinctions formulated by Cléante; in the *placets* and *Préface*; and in the *LCI*). There is, in any satire, an inevitable overlap, a degree to which the potential for abuse of the 'vrai' is underscored in the satire of the 'faux'. As the producer Jean Meyer remarked, 'rien ne ressemble plus à la vraie religion que la fausse' (*Le Figaro*, 13 January 1961), and the difference between the two is one of degree rather than kind. Furthermore, in my reading of Cléante at least, there is no true corrective to the position of which the protagonists' behaviour is variously a travesty. Cléante is not an adequate disclaimer figure, even if superficially he appears to be one; he is a foil, heightening and not reducing the satirical impact of *Le Tartuffe*, because signally failing to compensate either for the parody of zeal that is Orgon or for that multiple parody that is Tartuffe himself.

Riggs goes further than this, and claims: '[Molière] goes beyond ridiculing particular hypocritical uses of devout discourse to suggest that we see such discourse, in its asceticist, transcendentalist forms, as inherently an imposture' (40). And such an opinion is not so far removed, in its essence if not in its origins, from that expressed by one of the play's first critics. For Hardouin de Péréfixe, Archbishop of Paris, writing in 1667, *Le Tartuffe* was 'une comédie très dangereuse et [...] d'autant plus capable de nuire à la religion que, sous prétexte de condamner l'hypocrisie ou la fausse dévotion, elle donne lieu d'en accuser indifféremment tous ceux qui font profession de la plus solide piété' (Salomon 55-6). Critical reactions have come full circle.

Performance

La pratique théâtrale éclaire la compréhension de l'œuvre.

Émile Copfermann[6]

Scherer notes: 'La pièce a été jouée environ deux cents fois au xviie siècle, neuf cents fois au xviiie et au moins onze ou douze cents fois au xixe'. He continues: 'Parmi toutes les pièces qui ont été jouées à la Comédie-Française, depuis sa fondation en 1680 jusqu'à nos jours, c'est *Tartuffe* qui a connu le plus grand nombre de représentations' (58). The première of the five-act *Tartuffe* had Molière in the role of Orgon, and Du Croisy in that of Tartuffe. Du Croisy was characteristically cast in comic roles, and played the part again in 1685. No details are available on the distribution of roles in previous performances.

The role of Tartuffe in the eighteenth century was played for comedy, usually as a valet. Descotes remarks of its best-known interpreter in the period: 'Le jeu d'Augé était celui d'un voluptueux déchaîné, jeu souligné par des grimaces, des clins d'œil répétés' (159). Furthermore, certain overtly comic *jeux de scène*, such as the moving of Tartuffe's chair nearer to Elmire in the seduction scene, were enshrined in performance in the period. Yet Voltaire writes: 'le spectacle est désert quand on joue ces comédies et il ne va presque plus personne à ce même *Tartuffe* qui attirait autrefois tout Paris' (Salomon 124). Salomon too discerns a diminution in popularity, followed by a resurgence around 1743, allowing Diderot to write of a visit to the play in 1765: 'On y rit [...] depuis le commencement jusqu'à la fin, quoique la pente du sujet soit tournée à l'horreur, et même à la terreur' (Salomon 136).

By the turn of the century, however, the evolution of a more serious reading of the central figure intensifies, and by the early years of the nineteenth century, Tartuffe, according to Descotes, 'n'est plus un grotesque: il commence à faire peur' (162). Thus Stendhal, unsurprisingly, writes in 1822: 'on rit fort peu au *Tartuffe*; on n'a ri que deux fois [on both occasions apparently during the second act], et encore le rire a été bientôt absorbé par l'intérêt sérieux' (Descotes 22). Although varieties of interpretation multiplied in the period, all tended in the direction of a darkening in the portrayal of the eponymous protagonist. As Descotes resumes, the nineteenth-century Tartuffes 'sont des personnages plus ou moins effrayants; ils ne prêtent pas à rire' (166).

The significant productions of the twentieth century begin in 1923, with

6. Descotes and Salomon have both documented exhaustively the earlier performance history of *Le Tartuffe*; and Collinet has provided similar documentation on critical reactions.

Lucien Guitry in the title role played, notoriously, in a heavy Auvergnat accent. Other early stagings include that of 1937 (Jacques Copeau), of which Pierre Lièvre writes in *Jour* (3 March 1937) of 'la sombre couleur du drame'; yet Gabriel Boissy in *L'Ami du peuple* (same date) criticizes the Tartuffe for 'la crudité de [ses] gestes'. The following year offered a production at the Théâtre Pigalle with a Tartuffe who was 'jeune, poupard et joufflu' (Claude Hervin in *Paris-Midi*, 12 December 1938), 'un homme qui peut plaire à Elmire' (Annie Méredieu in *Paris-Soir*, 8 December 1938),[7] and, for the first recorded time since the seventeenth century, a Madame Pernelle played by a man. The portrayal of an attractive Tartuffe continues in 1941-2 (Comédie-Française), as sensuality ('un Tartuffe remarquablement sensuel, oblique et cauteleux' [George Pioch in *L'Œuvre*, 19 November 1941]) and then sincerity ('un homme [qui] souffre peut-être d'être Tartuffe autant qu'il en fait souffrir' [Maurice Rostand in *Paris-Midi*, 8 August 1942]) are added to his traits of character. Later Tartuffes equally attracted a range of epithets: most commonly the character had been 'rond, gras, patelin, onctueux, souple et ondoyant', then 'crasseux, puant, odipeux'; but Louis Jouvet continues in the line of more plausible Tartuffes with a representation that is 'lavé, brossé, soigné [...]'; un Tartuffe qui a de l'allure et même une certaine élégance' (André Ranson in *Ce Matin Le Pays*, 27 January 1950). As Descotes remarks: 'en incarnant Tartuffe, l'acteur prend déjà parti pour ou contre une certaine conception du personnage' (153).

The other roles receive comparatively little critical attention: historically, Elmire appears to have fluctuated between extremes of dignity and elegance on the one hand and frivolity and coquetry on the other. Dorine fares better (Descotes considers that 'dramatiquement son rôle est en or' [195]). The interpretation of the role developed during the eighteenth century in some actresses in terms of sophistication, in others in terms of vulgarity; but 'c'est vers la fin du xixe siècle que fut restaurée la tradition originale d'une Dorine franche et ronde, aussi éloignée de la vulgarité que du bel esprit' (200), reaching its height in the reading of Béatrice Bretty, 'Dorine sonore, pleine de verve, le verbe haut et franc' (201).

Finally, Orgon moves between being a solid citizen undergoing a momentary lapse and a natural obsessive, falling into an obvious trap. Descotes comments: 'La difficulté fondamentale du rôle est la détermination du degré de sottise d'Orgon' (184); 'il s'agit pour l'interprète de jouer une obsession, et de la jouer intégralement' (186). He thus considers: 'L'interprète a eu souvent tendance à rester en deçà des possibilités

---

7. The Tartuffe of M. Worms (1889) was 'un scélérat si élégant, d'une pâleur si distinguée dans son costume noir, si spécial par l'ironie sacrilège qu'il mêle à ses discours' (Collinet 187).

comiques du rôle, comme manifestant une certaine timidité devant ses exigences' (191). It is refreshing therefore to find in 1951 the director Fernand Ledoux's recognition that 'Orgon [...] est le rôle principal de la pièce', in what was widely recognized to be the best modern example of a traditional interpretation. Other stagings to cast a memorable Orgon were that of 1945, whose monomaniac was a 'chef de famille tout à fait digne d'estime, mais abusé, possédé, égaré, un moment' (Edmond Sée in *L'Opéra*, 23 January 1946); or, by contrast, the 1952 Porte-Saint-Martin reading of a 'tyranneau souriant, moqueur, avec une pointe de sadisme' (*Libération*, 1 August 1952).

Numerous phrases encapsulate more generally the spirit of different *Tartuffes* over recent decades: 'ce spectacle en conserve' (French television 1963); 'un joyeux brouhaha' (La Madeleine 1965); 'cette fébrile agitation' (Vieux-Colombier 1960); 'un drame pseudo-ibsénien' (Alliance-Française 1960). The successful productions of Jean Anouilh (Champs-Élysées 1960) and Jean Meyer (Palais-Royal 1961) both minimized the religious dimension and emphasized the play's potential as a 'drame bourgeois', stressing in the latter case 'la dissolution d'une famille par un élément extérieur' (Jean Meyer in *Le Figaro*, 13 January 1961). Meyer's staging was furthermore preceded by a *colloque* with the Dominican père Roguet, who, however, apparently saw no anti-Christian emphasis, considering the play rather to be '[une] bonne farce, comique, sage et benoîte' (*Témoignage Chrétien*, 17 February 1961). 1965 saw a modern dress production (Roger Collas at the Alliance-Française), justified in the programme thus: 'La représentativité des caractères, dans sa constance, est telle que les différents folklores qui marquent chaque époque ne les modifient en rien'.

Three modern stagings may finally be singled out for their exceptional impact:

i) that of Louis Jouvet (Athénée 1950). Robert Kemp writes in *Le Monde hebdo* (27 January-2 February 1950): 'Voici le plus morne *Tartuffe* que j'aie vu de ma vie. Lugubre, funèbre, sépulcral [...]. Tout chez Jouvet est sombre, étouffé [...] jusqu'à ce décor gris clair de Georges Braque [all colour was reserved for the costumes][...]. Les lueurs de deux flambeaux clignent dans les ténèbres... Si l'on veut, c'est rembranesque' [...]. 'Où sont passés le sang chaud, la verve, le génie bouffon qui s'obstine jusque dans ses grandes comédies, de Molière? Nous sommes dans la comédie larmoyante'. And many other less moderate critics repeat a similar verdict, evoking 'la sévérité et la lenteur de la mise en scène' (Guy Verdot in *Franc-Tireur*, 27 January 1950); '[le] manque de truculence et de spontanéité' (Jean Antoine in *Paris-Presse*, 27 January 1950), so that 'la représentation avance un peu comme une voiture avec des freins serrés'

(Jean-Jacques Gautier in *Le Figaro*, 27 January 1950). Furthermore 'le perpétuel ralentissement ne gêne pas seulement l'action. Il rompt les vers' (*La Gazette des lettres*, 4 February 1950). Apart from the style of the whole production, there were further innovations: Dorine (Gabrielle Dorizat) was played by a mature woman, as a 'gouvernante', 'qui convenait à l'atmosphère quasi janséniste dont Jouvet avait voulu entourer l'œuvre' (Descotes 201) ('cette erreur de distribution [...] enlève à la pièce presque tout son enjouement' [*Le Figaro littéraire*, 4 February 1950]); six be-wigged judges appear at the end, in the place of L'Exempt, in order, according to Jouvet, to make the lines 'moins monotones' (*Le Figaro*, 23 January 1950) ('cette inutile complication de music-hall' [Jean-Jacques Gautier in *Le Figaro*, 27 January 1950]); and Madame Pernelle was played (as in the original productions) by a man, a fact which, however, seemed to elicit curiously little controversy;

ii) the second major French producer to stage *Le Tartuffe* in the later part of this century did so however in Moscow, and in Russian. This was the version of Antoine Vitez, first performed in 1977. Vitez stresses above all the class structure of the play: it is, for him, the first 'comédie de mœurs bourgeoises', giving rise to two important dramatic groupings: 'D'une part, la famille Orgon, comme microcosme du royaume où il y a le roi qui est le père [...]. D'autre part, Dorine [...], une sorte de "Mère Courage" qui pleure, enrage [...] mais chez qui la gaieté prend toujours le dessus' (*L'Humanité*, 13 May 1977). And in *Le Monde* (Nicole Zand, 19 May 1977), the guiding focus of Vitez is seen as 'la destruction apportée dans une famille bourgeoise par le passage du Malin [...], de l'étranger non invité'. In terms of visual impact, Vitez explicitly sought an authentic (and beautiful) evocation of a seventeenth-century interior – an immutable backdrop, against which disorder erupts: 'l'idée essentielle: que l'ordre peut se transformer en désordre, que les perruques tournent sur les têtes, que les costumes s'ouvrent. Finalement, à travers une image lointaine et glacée du passé apparaissent des êtres vivants et leur ressemblance systé-matique avec les problèmes contemporains';

iii) unquestionably the most radical *Tartuffe* of recent years was the production by Roger Planchon at the Théâtre de la Cité at Villeurbanne in 1962, widely toured and in some respects rethought over more than a decade subsequently. Planchon encapsulates what he sees as the essential achievement of Molière in a programme note, proposing a synthesis of a political and a psychological interpretation: 'Un théâtre qui ne présente qu'un conflit social entre des abstractions est aussi faux que celui qui réduit tout conflit à une lutte entre individus. Molière, le plus grand visionnaire réaliste français, échappe à ces deux dilemmes'. We may stress three salient features, drawn from the many, surprisingly favourable reviews (although the unfavourable ones were vitriolic in their condemnation). First, the application of a Marxist perspective to effect the portrayal of a world in disarray: all the acts take place in a different room in Orgon's household, and all rooms are 'en réfaction'. By showing this disorder, Planchon 'témoigne d'un monde en transformation' (J.-J. Lervant in *ATAC Informations*, Janvier 1974). Secondly, amongst what were clearly a whole range of complex characterizations, the attempt to 'éclairer un classique à la lueur de la psychanalyse moderne' (ibid): 'l'élan proprement homosexuel d'Orgon envers Tartuffe [...]; la fixation évidente d'Orgon sur sa mère [...]; l'absence de mouvement d'Orgon envers sa femme' (Michel Cournot in *Le Monde*, 20 June 1973). (This possibility is also evoked in the remark of the Tartuffe of the 1966 Festival du Marais production, Raymond Hermantier: 'On ne saura jamais ce qui les unit', to which the *Figaro* critic, Maurice Rapin, replied curtly: 'Orgon est une dupe, subjuguée par les pseudo-vertus de Tartuffe. Rien d'autre' [15 July 1966].) Finally, the décor: 'A l'avant-scène, il y a un tableau: l'image géante d'un Christ aux chairs fluides, fragment d'une descente de croix. Lorsqu'il se lève, on voit de vastes pièces à peine meublées, quelques chaises entassées [...], des échelles, des statues d'église polychromes, un Jésus accablé, affaissé sur un banc' (Colette Godard in *Le Monde*, 11 January 1974). To resume, in the words of a further (anonymous) critic of *Le Monde* (13 June 1974): 'La violence, l'homosexualité latente, la politique sont les clefs auxquelles le spectacle se réfère'. Or as Collinet remarks: 'Finis les Tartuffes mythologiques [...]. Voici enfin la réalité [...], la vie dans son épaisseur romanesque et avec la dimension sociale: l'Histoire et les désirs' (256). (Information on certain more recent productions is provided by Hilgar.)

SELECTED BIBLIOGRAPHY

Books

R. Albanese, *Le dynamisme de la peur chez Molière* (Mississippi University Press, Mississippi, 1976).

G. Attinger, *L'esprit de la 'commedia dell'arte' dans le théâtre français* (Société d'Histoire du Théâtre, Neuchâtel, 1950).

H. Bergson, *Le Rire* (PUF, Paris, 1969).

R. Bray, *Molière: homme de théâtre* (Mercure de France, Paris, 1954).

J.-P. Collinet, *Lectures de Molière* (Armand Colin, Paris, 1974).

E. Copfermann, *Planchon* (Editions de l'âge d'homme, Lausanne, 1969).

G. Defaux, *Molière, ou les métamorphoses du comique* (French Forum, Lexington, 1980).

M. Descotes, *Les grands rôles du théâtre de Molière* (PUF, Paris, 1960).

G. Ferreyrolles, *Molière: 'Tartuffe'* (PUF, Paris, 1987).

J. Guicharnaud, *Molière: une aventure théâtrale* (Gallimard, Paris, 1963).

G. Hall, *Molière: 'Tartuffe'* (Arnold, London, 1960).

W. Howarth, *Molière: A Playwright and His Audience* (Cambridge University Press, Cambridge, 1982).

L. Jouvet, *Témoignages sur le théâtre* (Flammarion, Paris, 1951).

R. McBride, *The Sceptical Vision of Molière: A Study in Paradox* (Macmillan, London, 1977).

G. Mongrédien, *Comédies et pamphlets sur Molière* (Nizet, Paris, 1986).

H.-P. Salomon, *'Tartuffe' devant l'opinion française* (PUF, Paris, 1962).

J. Scherer, *Structures de Tartuffe* (Société d'édition d'enseignement supérieur, Paris, 1966).

Articles and chapters

E. Auerbach (trans W. Trask), 'Le Faux Dévot' in *Mimesis* (Princeton University Press, Princeton, 1953) 359-94.

J. Cairncross, '*Tartuffe* ou Molière hypocrite' in *RHLF* 72 (1972) 890-901.

G. Couton, 'Réflexions sur *Tartuffe*' in *RHLF* 69 (1969) 404-13.

R. Fargher, 'Pascal, Molière and after' in *Molière: Stage and Study*, (eds) W. Howarth and M. Thomas (Clarendon, Oxford, 1973) 254-72.

M. Greenberg, 'Molière's *Tartuffe* and the scandal of insight' in *Subjectivity and Subjugation* (Cambridge University Press, Cambridge, 1992) 113-40.

M. Gutwirth, '*Tartuffe* and the mysteries' in *PMLA* 92 (1977) 33-40.

G. Hall, 'Some background to Molière's *Tartuffe*' in *AJFS* 10 (1973) 119-29.

M.-F. Hilgar, '*Tartuffe*, *Tartuffe* toujours recommencé: les mises en scène de 1980' in *PFSCL* 16 (1982) 153-62.

Q. Hope, 'Place and setting in *Tartuffe*' in *PMLA* 89 (1974) 42-9.

J. House, 'Le caractère sacerdotal de Tartuffe' in *Lettres Romanes* 4 (1950) 129-36.

R. Parish, '*Tartuf(f)e* ou l'imposture' in *The Seventeenth Century* 6 (1991) 73-88.

J. Plantié, 'Molière et François de Sales' in *RHLF* 72 (1972) 902-27.

L. Riggs, 'Molière's "poststructuralism"' in *Symposium* 44 (1990) 37-57.

F. Siguret, 'L'image ou l'imposture' in *Revue d'histoire du théâtre* 36 (1984) 362-9.

S. Tiefenbrun, 'Molière's *Tartuffe*: a play within a play' in *Signs of the Hidden: Semiotic Studies* (Rodopi, Amsterdam, 1980) 165-78.

R. Tobin, '*Tartuffe*, texte sacré' in *Dramaturgies; langages dramatiques* (Nizet, Paris, 1986) 375-82.

LE TARTUFFE

ou

L'IMPOSTEUR

1664-1669

PREMIER PLACET
présenté au Roi, sur la comédie du 'Tartuffe'

Sire,

Le devoir de la comédie étant de corriger les hommes en les divertissant, j'ai cru que, dans l'emploi où je me trouve, je n'avais rien de mieux à faire que d'attaquer par des peintures ridicules les vices de mon siècle; et comme l'hypocrisie sans doute en est un des plus en usage, des plus incommodes et des plus dangereux, j'avais eu, Sire, la pensée que je ne rendrais pas un petit service à tous les honnêtes gens de votre royaume, si je faisais une comédie qui décriât les hypocrites, et mît en vue comme il faut toutes les grimaces étudiées de ces gens de bien à outrance, toutes les friponneries couvertes de ces faux-monnayeurs en dévotion, qui veulent attraper les hommes avec un zèle contrefait et une charité sophistique.

Je l'ai faite, Sire, cette comédie, avec tout le soin, comme je crois, et toutes les circonspections que pouvait demander la délicatesse de la matière; et pour mieux conserver l'estime et le respect qu'on doit aux vrais dévots, j'en ai distingué le plus que j'ai pu le caractère que j'avais à toucher; je n'ai point laissé d'équivoque, j'ai ôté ce qui pouvait confondre le bien avec le mal, et ne me suis servi, dans cette peinture, que des couleurs expresses et des traits essentiels qui font reconnaître d'abord un véritable et franc hypocrite.

Cependant toutes mes précautions ont été inutiles. On a profité, Sire, de la délicatesse de votre âme sur les matières de religion, et l'on a su vous prendre par l'endroit seul que vous êtes prenable, je veux dire par le respect des choses saintes. Les Tartuffes, sous main, ont eu l'adresse de trouver grâce auprès de Votre Majesté, et les originaux enfin ont fait supprimer la copie, quelque innocente qu'elle fût, et quelque ressemblante qu'on la trouvât.

Bien que ce m'ait été un coup sensible que la suppression de cet ouvrage, mon malheur pourtant était adouci par la manière dont Votre Majesté s'était expliquée sur ce sujet; et j'ai cru, Sire, qu'Elle m'ôtait tout lieu de me plaindre, ayant eu la bonté de déclarer qu'Elle ne trouvait rien à dire dans cette comédie qu'Elle me défendait de produire en public.

Mais malgré cette glorieuse déclaration du plus grand roi du monde et du plus éclairé, malgré l'approbation encore de Monsieur le Légat et de la plus grande partie de nos prélats, qui tous, dans des lectures particulières que je leur ai faites de mon ouvrage, se sont trouvés d'accord avec les sentiments de Votre Majesté, malgré tout cela, dis-je, on voit un livre composé par le curé de..., qui donne hautement un démenti à tous ces augustes témoignages. Votre Majesté a beau dire, et Monsieur le Légat et Messieurs les prélats ont beau donner leur jugement: ma comédie, sans l'avoir vue, est diabolique, et diabolique mon cerveau; je suis un démon vêtu de chair et habillé en homme, un libertin, un impie digne d'un supplice exemplaire. Ce n'est pas assez que le feu expie en public mon offense, j'en serais quitte à trop bon marché: le zèle charitable de ce galant homme de bien n'a garde de demeurer là; il ne veut point que j'aie de miséricorde auprès de Dieu, il veut absolument que je sois damné, c'est une affaire résolue.

Ce livre, Sire, a été présenté à Votre Majesté; et sans doute Elle juge bien Elle-même combien il m'est fâcheux de me voir exposé tous les jours aux insultes de ces Messieurs, quel tort me feront dans le monde de telles calomnies, s'il faut qu'elles soient tolérées, et quel intérêt j'ai enfin à me purger de son imposture et à faire voir au public que ma comédie n'est rien moins que ce qu'on veut qu'elle soit. Je ne dirai point, Sire, ce que j'avais à demander pour ma réputation, et pour justifier à tout le monde l'innocence de mon ouvrage: les rois éclairés comme vous n'ont pas besoin qu'on leur marque ce qu'on souhaite; ils voient, comme Dieu, ce qu'il nous faut, et savent mieux que nous ce qu'ils nous doivent accorder. Il me suffit de mettre mes intérêts entre les mains de Votre Majesté, et j'attends d'Elle avec respect tout ce qu'il lui plaira d'ordonner là-dessus.

SECOND PLACET
présenté au Roi, dans son camp devant la ville de Lille en Flandre

Sire,
C'est une chose bien téméraire à moi que de venir importuner un grand monarque au milieu de ses glorieuses conquêtes; mais, dans l'état où je me vois, où trouver, Sire, une protection qu'au lieu où je la viens chercher? et qui puis-je solliciter, contre l'autorité de la puissance qui m'accable, que la source de la puissance et de l'autorité, que le juste dispensateur des ordres absolus, que le souverain juge et le maître de toutes choses?

Ma comédie, Sire, n'a pu jouir ici des bontés de Votre Majesté. En vain je l'ai produite sous le titre de *l'Imposteur*, et déguisé le personnage sous l'ajustement d'un homme du monde; j'ai eu beau lui donner un petit chapeau, de grands cheveux, un grand collet, une épée, et des dentelles sur tout l'habit, mettre en plusieurs endroits des adoucissements, et retrancher avec soin tout ce que j'ai jugé capable de fournir l'ombre d'un prétexte aux célèbres originaux du portrait que je voulais faire: tout cela n'a de rien servi. La cabale s'est réveillée aux simples conjectures qu'ils ont pu avoir de la chose. Ils ont trouvé moyen de surprendre des esprits qui, dans toute autre matière, font une haute profession de ne se point laisser surprendre. Ma comédie n'a pas plus tôt paru, qu'elle s'est vue foudroyée par le coup d'un pouvoir qui doit imposer du respect; et tout ce que j'ai pu faire en cette rencontre, pour me sauver moi-même de l'éclat de cette tempête, c'est de dire que Votre Majesté avait eu la bonté de m'en permettre la représentation, et que je n'avais pas cru qu'il fût besoin de demander cette permission à d'autres, puisqu'il n'y avait qu'Elle seule qui me l'eût défendue.

Je ne doute point, Sire, que les gens que je peins dans ma comédie ne remuent bien des ressorts auprès de Votre Majesté, et ne jettent dans leur parti, comme ils ont déjà fait, de véritables gens de bien, qui sont d'autant plus prompts à se laisser tromper, qu'ils jugent d'autrui par eux-mêmes. Ils ont l'art de donner de belles couleurs à toutes leurs intentions; quelque mine qu'ils fassent, ce n'est point du tout l'intérêt de Dieu qui les peut émouvoir; ils l'ont assez montré dans les comédies qu'ils ont souffert qu'on ait jouées tant de fois en public sans en dire le moindre mot. Celles-là n'attaquaient que la piété et la religion, dont ils se soucient fort peu; mais celle-ci les attaque et les joue eux-mêmes, et c'est ce qu'ils ne peuvent souffrir. Ils ne sauraient me pardonner de dévoiler leurs impostures aux yeux de tout le monde. Et sans doute on me manquera pas de dire à Votre Majesté que chacun s'est scandalisé de ma comédie. Mais la vérité pure, Sire, c'est que tout Paris ne s'est scandalisé que de la défense qu'on en a faite, que les plus scrupuleux en ont trouvé la représentation profitable, et qu'on s'est étonné que des personnes d'une probité si connue aient eu une si grande déférence pour des gens qui devraient être l'horreur de tout le monde et sont si opposés à la véritable piété dont elles font profession.

J'attends avec respect l'arrêt que Votre Majesté daignera prononcer sur cette matière; mais il est très-assuré, Sire, qu'il ne faut plus que je songe à faire de comédie si les Tartuffes ont l'avantage, qu'ils prendront droit par là de me persécuter plus que jamais, et voudront trouver à redire aux choses les plus innocentes qui pourront sortir de ma plume.

Daignent vos bontés, Sire, me donner une protection contre leur rage envenimée; et puissé-je, au retour d'une campagne si glorieuse, délasser Votre Majesté des fatigues de ses conquêtes, lui donner d'innocents plaisirs après de si nobles travaux, et fait rire le monarque qui fait trembler toute l'Europe!

TROISIÈME PLACET
présenté au Roi

Sire,

Un fort honnête médecin, dont j'ai l'honneur d'être le malade, me promet et veut s'obliger par-devant notaires de me faire vivre encore trente années, si je puis lui obtenir une grâce de Votre Majesté. Je lui ai dit, sur sa promesse, que je ne lui demandais pas tant, et que je serais satisfait de lui pourvu qu'il s'obligeât de ne me point tuer. Cette grâce, Sire, est un canonicat de votre chapelle royale de Vincennes, vacant par la mort de....

Oserais-je demander encore cette grâce à Votre Majesté le propre jour de la grande résurrection de *Tartuffe*, ressuscité par vos bontés? Je suis par cette première faveur, réconcilié avec les dévots; et je le serais par cette seconde avec les médecins. C'est pour moi sans doute trop de grâce à la fois; mais peut-être n'en est-ce pas trop pour Votre Majesté; et j'attends avec un peu d'espérance respectueuse la réponse de mon placet.

PRÉFACE

Voici une comédie dont on a fait beaucoup de bruit, qui a été longtemps persécutée; et les gens qu'elle joue ont bien fait voir qu'ils étaient plus puissants en France que tous ceux que j'ai joués jusqu'ici. Les marquis, les précieuses, les cocus et les médecins ont souffert doucement qu'on les ait représentés, et ils ont fait semblant de se divertir, avec tout le monde, des peintures que l'on a faites d'eux; mais les hypocrites n'ont point entendu raillerie; ils se sont effarouchés d'abord, et ont trouvé étrange que j'eusse la hardiesse de jouer leurs grimaces, et de vouloir décrier un métier dont tant d'honnêtes gens se mêlent. C'est un crime qu'ils ne sauraient me pardonner; et ils se sont tous armés contre ma comédie avec une fureur épouvantable. Ils n'ont eu garde de l'attaquer par le côté qui les a blessés: ils sont trop politiques pour cela et savent trop bien vivre pour découvrir le fond de leur âme. Suivant leur louable coutume, ils ont couvert leurs intérêts de la cause de Dieu; et *le Tartuffe*, dans leur bouche, est une pièce qui offense la piété. Elle est, d'un bout à l'autre, pleine d'abominations, et l'on n'y trouve rien qui ne mérite le feu. Toutes les syllabes en sont impies; les gestes même y sont criminels; et le moindre coup d'œil, le moindre branlement de tête, le moindre pas à droit ou à gauche, y cache des mystères qu'ils trouvent moyen d'expliquer à mon désavantage. J'ai eu beau la soumettre aux lumières de mes amis, et à la censure de tout le monde: les corrections que j'y ai pu faire, le jugement du roi et de la reine, qui l'ont vue, l'approbation des grands princes et de messieurs les ministres, qui l'ont honorée publiquement de leur présence, le témoignage des gens de bien, qui l'ont trouvée profitable, tout cela n'a de rien servi. Ils n'en veulent point démordre; et, tous les jours encore, ils font crier en public des zélés indiscrets, qui me disent des injures pieusement et me damnent par charité.

Je me soucierais fort peu de tout ce qu'ils peuvent dire, n'était l'artifice qu'ils ont de me faire des ennemis qui je respecte, et de jeter dans leur parti de véritables gens de bien, dont ils préviennent la bonne foi, et qui, par la chaleur qu'ils ont pour les intérêts du ciel, sont faciles à recevoir les impressions qu'on veut leur donner. Voilà ce qui m'oblige à me défendre. C'est aux vrais dévots que je veux partout me justifier sur la conduite de ma comédie; et je les conjure, de tout mon cœur, de ne point condamner les choses avant que de les voir, de se défaire de toute prévention et de ne point servir la passion de ceux dont les grimaces les déshonorent.

Si l'on prend la peine d'examiner de bonne foi ma comédie, on verra, sans doute, que mes intentions y sont partout innocentes, et qu'elle ne tend nullement à jouer les choses que l'on doit révérer; que je l'ai traitée avec toutes les précautions que me demandait la délicatesse de la matière, et que j'ai mis tout l'art et tous les soins qu'il m'a été possible pour bien distinguer le personnage de l'hypocrite d'avec celui du vrai dévot. J'ai employé pour cela deux actes entiers à préparer la venue de mon scélérat. Il ne tient pas un seul moment l'auditeur en balance; on le connaît d'abord aux marques que je lui donne; et, d'un bout à l'autre, il ne dit pas un mot, il ne fait pas une action, qui ne peigne aux spectateurs le caractère d'un méchant homme, et ne fasse éclater celui du véritable homme de bien que je lui oppose.

Je sais bien que, pour réponse, ces messieurs tâchent d'insinuer que ce n'est point au théâtre à parler de ces matières; mais je leur demande, avec leur permission, sur quoi ils fondent cette belle maxime. C'est une proposition qu'ils ne font que supposer, et qu'ils ne prouvent en aucune façon; et, sans doute, il ne serait pas difficile de leur faire voir que la comédie, chez les anciens, a pris son origine de la religion, et faisait partie de leurs mystères; que les Espagnols, nos voisins, ne célèbrent guère de fête où la comédie ne soit mêlée; et que, même parmi nous, elle doit sa naissance aux soins d'une confrérie à qui appartient encore aujourd'hui l'Hôtel de Bourgogne, que c'est un lieu qui fut donné pour y représenter les plus importants mystères de notre foi; qu'on en voit encore des comédies imprimées en lettres gothiques, sous le nom d'un docteur de Sorbonne; et, sans aller chercher si loin, que l'on a joué, de notre temps, des pièces saintes de M. de Corneille, qui ont été l'admiration de toute la France.

Si l'emploi de la comédie est de corriger les vices des hommes, je ne vois pas par quelle raison il y en aura de privilégiés. Celui-ci est, dans l'État, d'une conséquence bien plus dangereuse que tous les autres; et nous avons vu que le théâtre a une grande vertu pour la correction. Les plus beaux traits d'une sérieuse morale sont moins puissants, le plus souvent, que ceux de la satire; et rien ne reprend mieux la plupart des hommes que la peinture de leurs défauts. C'est une grande atteinte aux vices que de les exposer à la risée de tout le monde. On souffre aisément des répréhensions; mais on ne souffre point la raillerie. On veut bien être méchant; mais on ne veut point être ridicule.

On me reproche d'avoir mis des termes de piété dans la bouche de mon imposteur. Et pouvais-je m'en empêcher, pour bien représenter le caractère d'un hypocrite? Il suffit, ce me semble, que je fasse connaître les motifs criminels qui lui font dire les choses, et que j'en aie retranché les termes consacrés, dont on aurait eu peine à lui entendre faire un mauvais usage. – Mais il débite au quatrième acte une morale pernicieuse. – Mais cette morale est-elle quelque chose dont tout le monde n'eût les oreilles rebattues? Dit-elle rien de nouveau dans ma comédie? Et peut-on craindre que des choses si généralement détestées fassent quelque impression dans les esprits, que je les rende dangereuses en les faisant monter sur le théâtre, qu'elles reçoivent quelque autorité de la bouche d'un scélérat? Il n'y a nulle apparence à cela; et l'on doit approuver la comédie du *Tartuffe*, ou condamner généralement toutes les comédies.

C'est à quoi l'on s'attache furieusement depuis un temps, et jamais on ne s'était si fort déchaîné contre le théâtre. Je ne puis pas nier qu'il n'y ait eu des Pères de l'Église, qui ont condamné la comédie; mais on ne peut pas me nier aussi qu'il n'y en ait eu quelques-uns qui l'ont traitée un peu plus doucement. Ainsi l'autorité, dont on prétend appuyer la censure, est détruite par ce partage; et toute la conséquence qu'on peut tirer de cette diversité d'opinions en des esprits éclairés des mêmes lumières, c'est qu'ils ont pris la comédie différemment, et que les uns l'ont considérée dans sa pureté, lorsque les autres l'ont regardée dans sa corruption et confondue avec tous ces vilains spectacles qu'on a eu raison de nommer des spectacles de turpitude.

Et, en effet, puisqu'on doit discourir des choses et non pas des mots, et que la plupart des contrariétés viennent de ne se pas entendre et d'envelopper dans un même mot des choses opposées, il ne faut qu'ôter le voile de l'équivoque et regarder ce qu'est la comédie en soi, pour voir si elle est condamnable. On conaîtra, sans doute, que, n'étant autre chose qu'un poème ingénieux, qui, par des leçons agréables, reprend les défauts des hommes, on ne saurait la censurer dans injustice. Et, si nous voulons ouïr là-dessus le témoignage de l'antiquité, elle nous dira que ses plus célèbres philosophes ont donné des louanges à la comédie, eux qui faisaient profession d'une sagesse si austère, et qui criaient sans cesse après les vices de leur siècle. Elle nous fera voir qu'Aristote a consacré des veilles au théâtre et s'est donné le soin de réduire en préceptes l'art de faire des comédies. Elle nous apprendra que de ses plus grands hommes, et des premiers en dignité, ont faire gloire d'en composer eux-mêmes; qu'il y en a eu d'autres qui n'ont pas dédaigné de réciter en public celles qu'ils avaient composées; que la Grèce a fait pour cet art éclater son estime par les prix glorieux et par les superbes théâtres dont elle a voulu l'honorer; et que, dans Rome enfin, ce même art a reçu aussi des honneurs extraordinaires: je ne dis pas dans Rome débauchée, et sous la licence des empereurs, mais dans Rome disciplinée, sous la sagesse des consuls, et dans les temps de la vigueur de la vertu romaine.

J'avoue qu'il y a eu des temps où la comédie s'est corrompue. Et qu'est-ce que dans le monde on ne corrompt point tous les jours? Il n'y a chose si innocente où les hommes ne puissent porter du crime; point d'art si salutaire dont ils ne soient capables de renverser les intentions; rien de si bon en soi qu'ils ne puissent tourner à de mauvais usages. La médecine est un art profitable, et chacun la révère comme une des plus excellentes choses que nous ayons; et cependant il y a eu des temps où elle s'est rendue odieuse, et souvent on en a fait un art d'empoisonner les hommes. La philosophie est un présent du ciel; elle nous a été donnée pour porter nos esprits à la connaissance d'un Dieu par la contemplation des merveilles de la nature; et pourtant on n'ignore pas que souvent on l'a détournée de son emploi, et qu'on l'a occupée publiquement à soutenir l'impiété. Les choses même les plus saintes ne sont point à couvert de la corruption des hommes; et nous voyons des scélérats qui, tous les jours, abusent de la piété et la font servir méchamment aux crimes les plus grands. Mais on ne laisse pas pour cela de faire les distinctions qu'il est besoin de faire. On n'enveloppe point dans une fausse conséquence la bonté des choses que l'on corrompt avec la malice des corrupteurs. On sépare toujours le mauvais usage d'avec l'intention de l'art; et, comme on ne s'avise point de défendre la médecine, pour avoir été bannie de Rome, ni la philosophie, pour avoir été condamnée publiquement dans Athènes, on ne doit point aussi vouloir interdire la comédie, pour avoir été censurée en de certains temps. Cette censure a eu ses raisons, qui ne subsistent point ici. Elle s'est renfermée dans ce qu'elle a pu voir; et nous ne devons point la tirer des bornes qu'elle s'est données, l'étendre plus loin qu'il ne faut, et lui faire embrasser l'innocent avec le coupable. La comédie qu'elle a eu dessein d'attaquer n'est point du tout la comédie que nous voulons défendre. Il se faut bien garder de confondre celle-là avec celle-ci. Ce sont deux personnes de qui les mœurs sont tout à fait opposées. Elles n'ont aucun rapport l'une avec l'autre que la ressemblance du nom; et ce serait une injustice épouvantable que de vouloir condamner Olympe, qui est femme de bien, parce qu'il y a eu une Olympe qui a été une débauchée. De semblables arrêts, sans doute, feraient un grand désordre dans le monde. Il n'y aurait rien par là qui ne fût condamné; et, puisque l'on ne garde point cette rigueur à tant de choses dont on abuse tous les jours, on doit bien faire la même grâce à la comédie et approuver les pièces de théâtre où l'on verra régner l'instruction et l'honnêteté.

Je sais qu'il y a des esprits dont la délicatesse ne peut souffrir aucune comédie, qui disent que les plus honnêtes sont les plus dangereuses, que les passions que l'on y dépeint sont d'autant plus touchantes qu'elles sont pleines de vertu, et que les âmes sont attendries par ces sortes de représentations. Je ne vois pas quel grand crime c'est que de s'attendrir à la vue d'une passion honnête; et c'est un haut étage de vertu que cette pleine insensibilité où ils veulent faire monter notre âme. Je doute qu'une si grande perfection soit dans les forces de la nature humaine; et je ne sais s'il n'est pas mieux de travailler à rectifier et adoucir les passions des hommes, que de vouloir les retrancher entièrement. J'avoue qu'il y a des lieux qu'il vaut mieux fréquenter que le théâtre; et, si l'on veut blâmer toutes les choses qui ne regardent pas directement Dieu et notre salut, il est certain que la comédie en doit être, et je ne trouve point mauvais qu'elle soit condamnée avec le reste. Mais, supposé, comme il est vrai, que les exercices de la piété souffrent des intervalles, et que les hommes aient besoin de divertissement, je soutiens qu'on ne leur en peut trouver un qui soit plus innocent que la comédie. Je me suis étendu trop loin. Finissons par un mot d'un grand prince sur la comédie du *Tartuffe*.

Huit jours après qu'elle eut été défendue, on représenta, devant la cour, une pièce intitulée *Scaramouche ermite*; et le roi, en sortant, dit au grand prince que je veux dire: «Je voudrais bien savoir pourquoi les gens qui se scandalisent si fort de la comèdie de Molière ne disent mot de celle de *Scaramouche*.» A quoi le prince répondit: «La raison de cela, c'est que la comédie de *Scaramouche* joue le ciel et la religion, dont ces messieurs-là ne se soucient point, mais celle de Molière les joue eux-mêmes; c'est ce qu'ils ne peuvent souffrir.»

LE TARTUFFE

OU

L'IMPOSTEUR

COMÉDIE

ACTEURS

MADAME PERNELLE, mère d'Orgon.
ORGON, mari d'Elmire.
ELMIRE, femme d'Orgon.
DAMIS, fils d'Orgon.
MARIANE, fille d'Orgon et amante de Valère.
VALÈRE, amant de Mariane.
CLÉANTE, beau-frère d'Orgon.
TARTUFFE, faux dévot.
DORINE, suivante de Mariane.
MONSIEUR LOYAL, sergent.
UN EXEMPT.
FLIPOTE, servante de Madame Pernelle.

La scène est à Paris.

ACTE I

SCÈNE PREMIÈRE

MADAME PERNELLE ET FLIPOTE, SA SERVANTE, ELMIRE,
MARIANE, DORINE, DAMIS, CLÉANTE

MADAME PERNELLE
Allons, Flipote, allons, que d'eux je me délivre.

ELMIRE
Vous marchez d'un tel pas qu'on a peine à vous suivre.

MADAME PERNELLE
Laissez, ma bru, laissez; ne venez pas plus loin:
4 Ce sont toutes façons dont je n'ai pas besoin.

ELMIRE

De ce que l'on vous doit envers vous on s'acquitte.
Mais, ma mère, d'où vient que vous sortez si vite?

MADAME PERNELLE

C'est que je ne puis voir tout ce ménage-ci,
8   Et que de me complaire on ne prend nul souci.
Oui, je sors de chez vous fort mal édifiée:
Dans toutes mes leçons j'y suis contrariée,
On n'y respecte rien, chacun y parle haut,
12   Et c'est tout justement la cour du roi Pétaut.

               DORINE
Si...

MADAME PERNELLE

Vous êtes, mamie, une fille suivante
Un peu trop forte en gueule, et fort impertinente:
Vous vous mêlez sur tout de dire votre avis.

            DAMIS
16   Mais...

MADAME PERNELLE

Vous êtes un sot en trois lettres, mon fils;
C'est moi qui vous le dis, qui suis votre grand'mère;
Et j'ai prédit cent fois à mon fils, votre père,
Que vous preniez tout l'air d'un méchant garnement,
20   Et ne lui donneriez jamais que du tourment.

               MARIANE
Je crois...

MADAME PERNELLE

Mon Dieu, sa sœur, vous faites la discrète,
Et vous n'y touchez pas, tant vous semblez doucette;
Mais il n'est, comme on dit, pire eau que l'eau qui dort,
24   Et vous menez sous chape un train que je hais fort.

            ELMIRE
Mais, ma mère...

MADAME PERNELLE

Ma bru, qu'il ne vous en déplaise,
Votre conduite en tout est tout à fait mauvaise;
Vous devriez leur mettre un bon exemple aux yeux,
28   Et leur défunte mère en usait beaucoup mieux.
Vous êtes dépensière; et cet état me blesse,
Que vous alliez vêtue ainsi qu'une princesse.

Quiconque à son mari veut plaire seulement,
32 Ma bru, n'a pas besoin de tant d'ajustement.

CLÉANTE
Mais, madame, après tout...

MADAME PERNELLE
Pour vous, Monsieur son frère,
Je vous estime fort, vous aime et vous révère;
Mais enfin, si j'étais de mon fils son époux,
36 Je vous prierais bien fort de n'entrer point chez nous.
Sans cesse vous prêchez des maximes de vivre
Qui par d'honnêtes gens ne se doivent point suivre.
Je vous parle un peu franc; mais c'est là mon humeur,
40 Et je ne mâche point ce que j'ai sur le cœur.

DAMIS
Votre monsieur Tartuffe est bien heureux sans doute....

MADAME PERNELLE
C'est un homme de bien, qu'il faut que l'on écoute;
Et je ne puis souffrir sans me mettre en courroux
44 De le voir querellé par un fou comme vous.

DAMIS
Quoi? je souffrirai, moi, qu'un cagot de critique
Vienne usurper céans un pouvoir tyrannique,
Et que nous ne puissions à rien nous divertir,
48 Si ce beau Monsieur-là n'y daigne consentir?

DORINE
S'il le faut écouter et croire à ses maximes,
On ne peut faire rien qu'on ne fasse des crimes;
51 Car il contrôle tout, ce critique zélé.

MADAME PERNELLE
52 Et tout ce qu'il contrôle est fort bien contrôlé.
C'est au chemin du ciel qu'il prétend vous conduire,
Et mon fils à l'aimer vous devrait tous induire.

DAMIS
Non, voyez-vous, ma mère, il n'est père ni rien
56 Qui me puisse obliger à lui vouloir du bien:
Je trahirais mon cœur de parler d'autre sorte;
Sur ses façons de faire à tous coups je m'emporte;
J'en prévois une suite, et qu'avec ce pied plat
60 Il faudra que j'en vienne à quelque grand éclat.

LE TARTUFFE

DORINE

Certes, c'est une chose aussi qui scandalise,
De voir qu'un inconnu céans s'impatronise,
Qu'un gueux qui, quand il vint, n'avait pas de souliers
64 Et dont l'habit entier valait bien six deniers,
En vienne jusque-là que de se méconnaître,
De contrarier tout, et de faire le maître.

MADAME PERNELLE

Hé! merci de ma vie! il en irait bien mieux,
68 Si tout se gouvernait par ses ordres pieux.

DORINE

Il passe pour un saint dans votre fantaisie:
Tout son fait, croyez-moi, n'est rien qu'hypocrisie.

MADAME PERNELLE

Voyez la langue!

DORINE

A lui, non plus qu'à son Laurent,
72 Je ne me fierais, moi, que sur un bon garant.

MADAME PERNELLE

J'ignore ce qu'au fond le serviteur peut être;
Mais pour homme de bien je garantis le maître.
Vous ne lui voulez mal et ne le rebutez
76 Qu'à cause qu'il vous dit à tous vos vérités.
C'est contre le péché que son cœur se courrouce,
Et l'intérêt du Ciel est tout ce qui le pousse.

DORINE

Oui; mais pourquoi, surtout depuis un certain temps,
80 Ne saurait-il souffrir qu'aucun hante céans?
En quoi blesse le Ciel une visite honnête,
Pour en faire un vacarme à nous rompre la tête?
Veut-on que là-dessus je m'explique entre nous?
84 Je crois que de Madame il est, ma foi, jaloux.

MADAME PERNELLE

Taisez-vous, et songez aux choses que vous dites.
Ce n'est pas lui tout seul qui blâme ces visites:
Tout ce tracas qui suit les gens que vous hantez,
88 Ces carrosses sans cesse à la porte plantés,
Et de tant de laquais le bruyant assemblage
Font un éclat fâcheux dans tout le voisinage.

Je veux croire qu'au fond il ne se passe rien;
92 Mais enfin on en parle, et cela n'est pas bien.

CLÉANTE

Hé! voulez-vous, Madame, empêcher qu'on ne cause?
Ce serait dans la vie une fâcheuse chose,
Si, pour les sots discours où l'on peut être mis,
96 Il fallait renoncer à ses meilleurs amis.
Et, quand même on pourrait se résoudre à le faire,
Croiriez-vous obliger tout le monde à se taire?
Contre la médisance il n'est point de rempart.
100 A tous les sots caquets n'ayons donc nul égard;
Efforçons-nous de vivre avec toute innocence,
Et laissons aux causeurs une pleine licence.

DORINE

Daphné, notre voisine, et son petit époux
104 Ne seraient-ils point ceux qui parlent mal de nous?
Ceux de qui la conduite offre le plus à rire
Sont toujours sur autrui les premiers à médire;
Ils ne manquent jamais de saisir promptement
108 L'apparente lueur du moindre attachement,
D'en semer la nouvelle avec beaucoup de joie,
Et d'y donner le tour qu'ils veulent qu'on y croie:
Des actions d'autrui, teintes de leurs couleurs,
112 Ils pensent dans le monde autoriser les leurs,
Et, sous le faux espoir de quelque ressemblance,
Aux intrigues qu'ils ont donner de l'innocence,
Ou faire ailleurs tomber quelques traits partagés
116 De ce blâme public dont ils sont trop chargés.

MADAME PERNELLE

Tous ces raisonnements ne font rien à l'affaire.
On sait qu'Orante mène une vie exemplaire:
Tous ses soins vont au Ciel; et j'ai su, par des gens,
120 Qu'elle condamne fort le train qui vient céans.

DORINE

L'exemple est admirable, et cette dame est bonne!
Il est vrai qu'elle vit en austère personne;
Mais l'âge dans son âme a mis ce zèle ardent,
124 Et l'on sait qu'elle est prude à son corps défendant.
Tant qu'elle a pu des cœurs attirer les hommages,
Elle a fort bien joui de tous ses avantages;
Mais, voyant de ses yeux tous les brillants baisser,

128 Au monde, qui la quitte, elle veut renoncer,
Et du voile pompeux d'une haute sagesse
De ses attraits usés déguiser la faiblesse.
Ce sont là les retours des coquettes du temps.
132 Il leur est dur de voir déserter les galants.
Dans un tel abandon, leur sombre inquiétude
Ne voit d'autre recours que le métier de prude;
Et la sévérité de ces femmes de bien
136 Censure toute chose, et ne pardonne à rien;
Hautement d'un chacun elles blâment la vie,
Non point par charité, mais par un trait d'envie,
Qui ne saurait souffrir qu'une autre ait les plaisirs
140 Dont le penchant de l'âge a sevré leurs désirs.

MADAME PERNELLE
Voilà les contes bleus qu'il vous faut pour vous plaire.
Ma bru, l'on est chez vous contrainte de se taire,
Car Madame à jaser tient le dé tout le jour.
144 Mais enfin je prétends discourir à mon tour:
Je vous dis que mon fils n'a rien fait de plus sage
Qu'en recueillant chez soi ce dévot personnage;
Que le Ciel, au besoin, l'a céans envoyé
148 Pour redresser à tous votre esprit fourvoyé;
Que pour votre salut vous le devez entendre,
Et qu'il ne reprend rien qui ne soit à reprendre.
Ces visites, ces bals, ces conversations
152 Sont du malin esprit toutes inventions.
Là jamais on n'entend de pieuses paroles:
Ce sont propos oisifs, chansons et fariboles;
Bien souvent le prochain en a sa bonne part,
156 Et l'on y sait médire et du tiers et du quart.
Enfin les gens sensés ont leurs têtes troublées
De la confusion de telles assemblées:
Mille caquets divers s'y font en moins de rien;
160 Et comme l'autre jour un docteur dit fort bien,
C'est véritablement la tour de Babylone,
Car chacun y babille, et tout du long de l'aune;
Et, pour conter l'histoire où ce point l'engagea...
164 Voilà-t-il pas Monsieur qui ricane déjà!
Allez chercher vos fous qui vous donnent à rire,
Et sans... Adieu, ma bru: je ne veux plus rien dire.
Sachez que pour céans j'en rabats de moitié,
168 Et qu'il fera beau temps quand j'y mettrai le pied.

(*Donnant un soufflet à Flipote.*)
Allons, vous, vous rêvez, et bayez aux corneilles.
Jour de Dieu! je saurai vous frotter les oreilles.
Marchons, gaupe, marchons.

SCÈNE II

CLÉANTE, DORINE

CLÉANTE
Je n'y veux point aller,
172 De peur qu'elle ne vînt encor me quereller,
Que cette bonne femme...

DORINE
Ah! certes, c'est dommage
Qu'elle ne vous ouït tenir un tel langage:
Elle vous dirait bien qu'elle vous trouve bon,
176 Et qu'elle n'est point d'âge à lui donner ce nom.

CLÉANTE
Comme elle s'est pour rien contre nous échauffée!
Et que de son Tartuffe elle paraît coiffée!

DORINE
Oh! vraiment, tout cela n'est rien au prix du fils,
180 Et si vous l'aviez vu, vous diriez: « C'est bien pis! »
Nos troubles l'avaient mis sur le pied d'homme sage,
Et pour servir son prince il montra du courage;
Mais il est devenu comme un homme hébété,
184 Depuis que de Tartuffe on le voit entêté;
Il l'appelle son frère, et l'aime dans son âme
Cent fois plus qu'il ne fait mère, fils, fille, et femme.
C'est de tous ses secrets l'unique confident,
188 Et de ses actions le directeur prudent;
Il le choie, il l'embrasse, et pour une maîtresse
On ne saurait, je pense, avoir plus de tendresse;
A table, au plus haut bout il veut qu'il soit assis;
192 Avec joie il l'y voit manger autant que six;
Les bons morceaux de tout, il fait qu'on les lui cède;
Et, s'il vient à roter, il lui dit: « Dieu vous aide! »
(*C'est une servante qui parle.*)
Enfin il en est fou; c'est son tout, son héros;
196 Il l'admire à tous coups, le cite à tous propos;
Ses moindres actions lui semblent des miracles,

Et tous les mots qu'il dit sont pour lui des oracles.
Lui, qui connaît sa dupe et qui veut en jouir,
200 Par cent dehors fardés a l'art de l'éblouir;
Son cagotisme en tire à toute heure des sommes,
Et prend droit de gloser sur tous tant que nous sommes.
Il n'est pas jusqu'au fat qui lui sert de garçon
204 Qui ne se mêle aussi de nous faire leçon;
Il vient nous sermonner avec des yeux farouches,
Et jeter nos rubans, notre rouge et nos mouches.
Le traître, l'autre jour, nous rompit de ses mains
208 Un mouchoir qu'il trouva dans une *Fleur des Saints*,
Disant que nous mêlions, par un crime effroyable,
Avec la sainteté les parures du diable.

SCÈNE III

ELMIRE, MARIANE, DAMIS, CLÉANTE, DORINE

ELMIRE

Vous êtes bien heureux de n'être point venu
212 Au discours qu'à la porte elle nous a tenu.
Mais j'ai vu mon mari: comme il ne m'a point vue,
Je veux aller là-haut attendre sa venue.

CLÉANTE

Moi, je l'attends ici pour moins d'amusement
216 Et je vais lui donner le bonjour seulement.

DAMIS

De l'hymen de ma sœur touchez-lui quelque chose.
J'ai soupçon que Tartuffe à son effet s'oppose,
Qu'il oblige mon père à des détours si grands;
220 Et vous n'ignorez pas quel intérêt j'y prends.
Si même ardeur enflamme et ma sœur et Valère,
La sœur de cet ami, vous le savez, m'est chère;
Et s'il fallait...

DORINE

Il entre.

SCÈNE IV

ORGON, CLÉANTE, DORINE

ORGON

Ah! mon frère, bonjour.

CLÉANTE

224 Je sortais, et j'ai joie à vous voir de retour.
La campagne à présent n'est pas beaucoup fleurie.

ORGON

Dorine... Mon beau-frère, attendez, je vous prie:
Vous voulez bien souffrir, pour m'ôter de souci,
228 Que je m'informe un peu des nouvelles d'ici.
Tout s'est-il, ces deux jours, passé de bonne sorte?
Qu'est-ce qu'on fait céans? comme est-ce qu'on s'y porte?

DORINE

Madame eut, avant-hier, la fièvre jusqu'au soir,
232 Avec un mal de tête étrange à concevoir.

ORGON

Et Tartuffe?

DORINE

Tartuffe? il se porte à merveille,
Gros et gras, le teint frais, et la bouche vermeille.

ORGON

Le pauvre homme!

DORINE

Le soir, elle eut un grand dégoût,
236 Et ne put au souper toucher à rien du tout,
Tant sa douleur de tête était encor cruelle!

ORGON

Et Tartuffe?

DORINE

Il soupa, lui tout seul, devant elle,
Et fort dévotement il mangea deux perdrix,
240 Avec une moitié de gigot en hachis.

ORGON

Le pauvre homme!

DORINE

La nuit se passa tout entière
Sans qu'elle pût fermer un moment la paupière;
Des chaleurs l'empêchaient de pouvoir sommeiller.
244 Et jusqu'au jour près d'elle il nous fallut veiller.

ORGON

Et Tartuffe?

DORINE

Pressé d'un sommeil agréable,
Il passa dans sa chambre au sortir de la table,
Et dans son lit bien chaud il se mit tout soudain,
248 Où sans trouble il dormit jusques au lendemain.

ORGON

Le pauvre homme!

DORINE

A la fin, par nos raisons gagnée,
Elle se résolut à souffrir la saignée,
Et le soulagement suivit tout aussitôt.

ORGON

252 Et Tartuffe?

DORINE

Il reprit courage comme il faut,
Et, contre tous les maux fortifiant son âme,
Pour réparer le sang qu'avait perdu Madame,
But à son déjeuner quatre grands coups de vin.

ORGON

256 Le pauvre homme!

DORINE

Tous deux se portent bien enfin;
Et je vais à madame annoncer par avance
La part que vous prenez à sa convalescence.

SCÈNE V

ORGON, CLÉANTE

CLÉANTE

A votre nez, mon frère, elle se rit de vous;
260 Et sans avoir dessein de vous mettre en courroux,
Je vous dirai tout franc que c'est avec justice.
A-t-on jamais parlé d'un semblable caprice?
Et se peut-il qu'un homme ait un charme aujourd'hui
264 A vous faire oublier toutes choses pour lui,
Qu'après avoir chez vous réparé sa misère,
Vous en veniez au point...?

ORGON

Alte-là, mon beau-frère:
Vous ne connaissez pas celui dont vous parlez.

CLÉANTE

268 Je ne le connais pas, puisque vous le voulez;
Mais enfin, pour savoir quel homme ce peut être...

ORGON

Mon frère, vous seriez charmé de le connaître,
Et vos ravissements ne prendraient point de fin.
272 C'est un homme... qui... ha!... un homme... un homme enfin.
Qui suit bien ses leçons goûte une paix profonde,
Et comme du fumier regarde tout le monde.
Oui, je deviens tout autre avec son entretien;
276 Il m'enseigne à n'avoir affection pour rien,
De toutes amitiés il détache mon âme;
Et je verrais mourir frère, enfants, mère et femme,
Que je m'en soucierais autant que de cela.

CLÉANTE

280 Les sentiments humains, mon frère, que voilà!

ORGON

Ha! si vous aviez vu comme j'en fis rencontre,
Vous auriez pris pour lui l'amitié que je montre.
Chaque jour à l'église il venait, d'un air doux,
284 Tout vis-à-vis de moi se mettre à deux genoux.
Il attirait les yeux de l'assemblée entière
Par l'ardeur dont au Ciel il poussait sa prière;
Il faisait des soupirs, de grands élancements,
288 Et baisait humblement la terre à tous moments;
Et, lorsque je sortais, il me devançait vite,
Pour m'aller à la porte offrir de l'eau bénite.
Instruit par son garçon, qui dans tout l'imitait,
292 Et de son indigence, et de ce qu'il était,
Je lui faisais des dons; mais avec modestie
Il me voulait toujours en rendre une partie.
« C'est trop, me disait-il, c'est trop de la moitié;
296 Je ne mérite pas de vous faire pitié »;
Et, quand je refusais de le vouloir reprendre,
Aux pauvres, à mes yeux, il allait le répandre.
Enfin le Ciel chez moi me le fit retirer,
300 Et, depuis ce temps-là, tout semble y prospérer.
Je vois qu'il reprend tout, et qu'à ma femme même
Il prend, pour mon honneur, un intérêt extrême;
Il m'avertit des gens qui lui font les yeux doux,
304 Et plus que moi six fois il s'en montre jaloux.

Mais vous ne croiriez point jusqu'où monte son zèle:
Il s'impute à péché la moindre bagatelle;
Un rien presque suffit pour le scandaliser;
308 Jusque-là qu'il se vint l'autre jour accuser
D'avoir pris une puce, en faisant sa prière,
Et de l'avoir tuée avec trop de colère.

CLÉANTE

Parbleu! vous êtes fou, mon frère, que je croi.
312 Avec de tels discours vous moquez-vous de moi?
Et que prétendez-vous que tout ce badinage...

ORGON

Mon frère, ce discours sent le libertinage:
Vous en êtes un peu dans votre âme entiché;
316 Et, comme je vous l'ai plus de dix fois prêché,
Vous vous attirerez quelque méchante affaire.

CLÉANTE

Voilà de vos pareils le discours ordinaire:
Ils veulent que chacun soit aveugle comme eux.
320 C'est être libertin que d'avoir de bons yeux,
Et qui n'adore pas de vaines simagrées,
N'a ni respect ni foi pour les choses sacrées.
Allez, tous vos discours ne me font point de peur:
324 Je sais comme je parle, et le Ciel voit mon cœur.
De tous vos façonniers on n'est point les esclaves.
Il est de faux dévots ainsi que de faux braves;
Et, comme on ne voit pas qu'où l'honneur les conduit
328 Les vrais braves soient ceux qui font beaucoup de bruit,
Les bons et vrais dévots, qu'on doit suivre à la trace,
Ne sont pas ceux aussi qui font tant de grimace.
Hé quoi! vous ne ferez nulle distinction
332 Entre l'hypocrisie et la dévotion?
Vous les voulez traiter d'un semblable langage,
Et rendre même honneur au masque qu'au visage,
Égaler l'artifice à la sincérité,
336 Confondre l'apparence avec la vérité,
Estimer le fantôme autant que la personne,
Et la fausse monnaie à l'égal de la bonne?
Les hommes la plupart sont étrangement faits!
340 Dans la juste nature on ne les voit jamais;
La raison a pour eux des bornes trop petites;
En chaque caractère ils passent ses limites;

Et la plus noble chose, ils la gâtent souvent
344 Pour la vouloir outrer et pousser trop avant.
Que cela vous soit dit en passant, mon beau-frère.

ORGON

Oui, vous êtes sans doute un docteur qu'on révère;
Tout le savoir du monde est chez vous retiré;
348 Vous êtes le seul sage et le seul éclairé,
Un oracle, un Caton dans le siècle où nous sommes;
Et près de vous ce sont des sots que tous les hommes.

CLÉANTE

Je ne suis point, mon frère, un docteur révéré,
352 Et le savoir chez moi n'est pas tout retiré.
Mais, en un mot, je sais, pour toute ma science,
Du faux avec le vrai faire la différence.
Et comme je ne vois nul genre de héros
356 Qui soient plus à priser que les parfaits dévots,
Aucune chose au monde et plus noble et plus belle
Que la sainte ferveur d'un véritable zèle,
Aussi ne vois-je rien qui soit plus odieux
360 Que le dehors plâtré d'un zèle spécieux,
Que ces francs charlatans, que ces dévots de place,
De qui la sacrilège et trompeuse grimace
Abuse impunément et se joue à leur gré
364 De ce qu'ont les mortels de plus saint et sacré,
Ces gens qui, par une âme à l'intérêt soumise,
Font de dévotion métier et marchandise,
Et veulent acheter crédit et dignités
368 A prix de faux clins d'yeux et d'élans affectés,
Ces gens, dis-je, qu'on voit d'une ardeur non commune
Par le chemin du Ciel courir à leur fortune,
Qui, brûlants et priants, demandent chaque jour,
372 Et prêchent la retraite au milieu de la cour,
Qui savent ajuster leur zèle avec leurs vices,
Sont prompts, vindicatifs, sans foi, pleins d'artifices,
Et pour perdre quelqu'un couvrent insolemment
376 De l'intérêt du Ciel leur fier ressentiment,
D'autant plus dangereux dans leur âpre colère,
Qu'ils prennent contre nous des armes qu'on révère,
Et que leur passion, dont on leur sait bon gré,
380 Veut nous assassiner avec un fer sacré.
De ce faux caractère on en voit trop paraître;
Mais les dévots de cœur sont aisés à connaître.

Notre siècle, mon frère, en expose à nos yeux
384 Qui peuvent nous servir d'exemples glorieux:
Regardez Ariston, regardez Périandre,
Oronte, Alcidamas, Polydore, Clitandre;
Ce titre par aucun ne leur est débattu;
388 Ce ne sont point du tout fanfarons de vertu;
On ne voit point en eux ce faste insupportable,
Et leur dévotion est humaine, est traitable;
Ils ne censurent point toutes nos actions:
392 Ils trouvent trop d'orgueil dans ces corrections;
Et, laissant la fierté des paroles aux autres,
C'est par leurs actions qu'ils reprennent les nôtres.
L'apparence du mal a chez eux peu d'appui,
396 Et leur âme est portée à juger bien d'autrui.
Point de cabale en eux, point d'intrigues à suivre;
On les voit, pour tous soins, se mêler de bien vivre;
Jamais contre un pécheur ils n'ont d'acharnement;
400 Ils attachent leur haine au péché seulement,
Et ne veulent point prendre, avec un zèle extrême,
Les intérêts du Ciel plus qu'il ne veut lui-même.
Voilà mes gens, voilà comme il en faut user,
404 Voilà l'exemple enfin qu'il se faut proposer.
Votre homme, à dire vrai, n'est pas de ce modèle:
C'est de fort bonne foi que vous vantez son zèle;
Mais par un faux éclat je vous crois ébloui.

ORGON
408 Monsieur mon cher beau-frère, avez-vous tout dit?

CLÉANTE
Oui.

ORGON
Je suis votre valet.
(Il veut s'en aller.)

CLÉANTE
De grâce, un mot, mon frère.
Laissons là ce discours. Vous savez que Valère
Pour être votre gendre a parole de vous?

ORGON
Oui.

CLÉANTE
Vous aviez pris jour pour un lien si doux.

ORGON

Il est vrai.

CLÉANTE

Pourquoi donc en différer la fête?

ORGON

Je ne sais.

CLÉANTE

Auriez-vous autre pensée en tête?

ORGON

Peut-être.

CLÉANTE

Vous voulez manquer à votre foi?

ORGON

416   Je ne dis pas cela.

CLÉANTE

Nul obstacle, je croi,
Ne vous peut empêcher d'accomplir vos promesses.

ORGON

Selon.

CLÉANTE

Pour dire un mot faut-il tant de finesses?
Valère sur ce point me fait vous visiter.

ORGON

420   Le Ciel en soit loué!

CLÉANTE

Mais que lui reporter?

ORGON

Tout ce qu'il vous plaira.

CLÉANTE

Mais il est nécessaire
De savoir vos desseins. Quels sont-ils donc?

ORGON

De faire

Ce que le Ciel voudra.

CLÉANTE

Mais parlons tout de bon.

424   Valère a votre foi: la tiendrez-vous, ou non?

ORGON

Adieu.

CLÉANTE, *seul.*
Pour son amour je crains une disgrâce,
Et je dois l'avertir de tout ce qui se passe.

ACTE II

SCÈNE PREMIÈRE

ORGON, MARIANE

ORGON
Mariane.

MARIANE
Mon père.

ORGON
Approchez. J'ai de quoi
428 Vous parler en secret.

MARIANE
Que cherchez-vous?

ORGON. *Il regarde dans un petit cabinet.*
Je voi
Si quelqu'un n'est point là qui pourrait nous entendre;
Car ce petit endroit est propre pour surprendre.
Or sus, nous voilà bien. J'ai, Mariane, en vous
432 Reconnu de tout temps un esprit assez doux,
Et de tout temps aussi vous m'avez été chère.

MARIANE
Je suis fort redevable à cet amour de père.

ORGON
C'est fort bien dit, ma fille; et, pour le mériter,
436 Vous devez n'avoir soin que de me contenter.

MARIANE
C'est où je mets aussi ma gloire la plus haute.

ORGON
Fort bien. Que dites-vous de Tartuffe notre hôte?

MARIANE
Qui, moi?

ORGON
Vous. Voyez bien comme vous répondrez

MARIANE

440 Hélas! j'en dirai, moi, tout ce que vous voudrez.

ORGON

C'est parler sagement. Dites-moi donc, ma fille,
Qu'en toute sa personne un haut mérite brille,
Qu'il touche votre cœur, et qu'il vous serait doux
444 De le voir par mon choix devenir votre époux.
Eh?

(*Mariane se recule avec surprise.*)

MARIANE

Eh?

ORGON

Qu'est-ce?

MARIANE

Plaît-il?

ORGON

Quoi?

MARIANE

Me suis-je méprise?

ORGON

Comment?

MARIANE

Qui voulez-vous, mon père, que je dise
Qui me touche le cœur, et qu'il me serait doux
448 De voir par votre choix devenir mon époux?

ORGON

Tartuffe.

MARIANE

Il n'en est rien, mon père, je vous jure.
Pourquoi me faire dire une telle imposture?

ORGON

Mais je veux que cela soit une vérité;
452 Et c'est assez pour vous que je l'aie arrêté.

MARIANE

Quoi? vous voulez, mon père...?

ORGON

Oui, je prétends, ma fille,
Unir par votre hymen Tartuffe à ma famille.
Il sera votre époux, j'ai résolu cela;
456 Et comme sur vos vœux je...

[handwritten annotation: Dorine was listening behind the door + heard this then she tells Orgon that he must be joking. Orgon tells her to shut her face. generally]

LE TARTUFFE

SCÈNE II

DORINE, ORGON, MARIANE

ORGON

Que faites-vous là?
La curiosité qui vous presse est bien forte,
Mamie, à nous venir écouter de la sorte.

DORINE

Vraiment, je ne sais pas si c'est un bruit qui part
460 De quelque conjecture, ou d'un coup de hasard;
Mais de ce mariage on m'a dit la nouvelle,
Et j'ai traité cela de pure bagatelle.

ORGON

Quoi donc? la chose est-elle incroyable?

DORINE

A tel point,
464 Que vous-même, Monsieur, je ne vous en crois point.

ORGON

Je sais bien le moyen de vous le faire croire.

DORINE

Oui, oui, vous nous contez une plaisante histoire.

ORGON

Je conte justement ce qu'on verra dans peu.

DORINE

468 Chansons!

ORGON

Ce que je dis, ma fille, n'est point jeu.

DORINE

Allez, ne croyez point à Monsieur votre père:
Il raille.

ORGON

Je vous dis...

DORINE

Non, vous avez beau faire,
On ne vous croira point.

ORGON

A la fin, mon courroux...

DORINE

472 Hé bien! on vous croit donc, et c'est tant pis pour vous.
Quoi? se peut-il, Monsieur, qu'avec l'air d'homme sage
Et cette large barbe au milieu du visage,
Vous soyez assez fou pour vouloir...?

ORGON

Écoutez:

476 Vous avez pris céans certaines privautés
Qui ne me plaisent point; je vous le dis, mamie.

DORINE

Parlons sans nous fâcher, Monsieur, je vous supplie.
Vous moquez-vous des gens d'avoir fait ce complot?
480 Votre fille n'est point l'affaire d'un bigot:
Il a d'autres emplois auxquels il faut qu'il pense.
Et puis, que vous apporte une telle alliance?
A quel sujet aller, avec tout votre bien,
484 Choisir un gendre gueux?...

ORGON

Taisez-vous. S'il n'a rien,
Sachez que c'est par là qu'il faut qu'on le révère.
Sa misère est sans doute une honnête misère;
Au-dessus des grandeurs elle doit l'élever,
488 Puisqu'enfin de son bien il s'est laissé priver
Par son trop peu de soin des choses temporelles,
Et sa puissante attache aux choses éternelles.
Mais mon secours pourra lui donner les moyens
492 De sortir d'embarras et rentrer dans ses biens:
Ce sont fiefs qu'à bon titre au pays on renomme.
Et tel que l'on le voit, il est bien gentilhomme.

DORINE

Oui, c'est lui qui le dit; et cette vanité,
496 Monsieur, ne sied pas bien avec la piété.
Qui d'une sainte vie embrasse l'innocence
Ne doit point tant prôner son nom et sa naissance,
Et l'humble procédé de la dévotion
500 Souffre mal les éclats de cette ambition.
A quoi bon cet orgueil?... Mais ce discours vous blesse:
Parlons de sa personne, et laissons sa noblesse:
Ferez-vous possesseur, sans quelque peu d'ennui,
504 D'une fille comme elle un homme comme lui?
Et ne devez-vous pas songer aux bienséances,

Et de cette union prévoir les conséquences?
Sachez que d'une fille on risque la vertu,
508　Lorsque dans son hymen son goût est combattu,
Que le dessein d'y vivre en honnête personne
Dépend des qualités du mari qu'on lui donne,
Et que ceux dont partout on montre au doigt le front
512　Font leurs femmes souvent ce qu'on voit qu'elles sont.
Il est bien difficile enfin d'être fidèle
A de certains maris faits d'un certain modèle;
Et qui donne à sa fille un homme qu'elle hait
516　Est responsable au Ciel des fautes qu'elle fait.
Songez à quels périls votre dessein vous livre.

ORGON
Je vous dis qu'il me faut apprendre d'elle à vivre!

DORINE
Vous n'en feriez que mieux de suivre mes leçons.

ORGON
520　Ne nous amusons point, ma fille, à ces chansons:
Je sais ce qu'il vous faut, et je suis votre père.
J'avais donné pour vous ma parole à Valère;
Mais, outre qu'à jouer on dit qu'il est enclin,
524　Je le soupçonne encor d'être un peu libertin:
Je ne remarque point qu'il hante les églises.

DORINE
Voulez-vous qu'il y coure à vos heures précises,
Comme ceux qui n'y vont que pour être aperçus?

ORGON
528　Je ne demande pas votre avis là-dessus.
Enfin avec le Ciel l'autre est le mieux du monde,
Et c'est une richesse à nulle autre seconde.
Cet hymen de tous biens comblera vos désirs,
532　Il sera tout confit en douceurs et plaisirs.
Ensemble vous vivrez, dans vos ardeurs fidèles,
Comme deux vrais enfants, comme deux tourterelles.
A nul fâcheux débat jamais vous n'en viendrez,
536　Et vous ferez de lui tout ce que vous voudrez.

DORINE
Elle? Elle n'en fera qu'un sot, je vous assure.

ORGON
Ouais! quels discours!

DORINE
                    Je dis qu'il en a l'encolure,
Et que son ascendant, Monsieur, l'emportera
540 Sur toute la vertu que votre fille aura.

ORGON
Cessez de m'interrompre, et songez à vous taire,
Sans mettre votre nez où vous n'avez que faire.

DORINE
Je n'en parle, Monsieur, que pour votre intérêt.
          (*Elle l'interrompt toujours au moment qu'il se retourne pour
          parler à sa fille.*)
ORGON
544 C'est prendre trop de soin; taisez-vous, s'il vous plaît.

DORINE
Si l'on ne vous aimait...

ORGON
                    Je ne veux pas qu'on m'aime.

DORINE
Et je veux vous aimer, Monsieur, malgré vous-même.

ORGON
Ah!

DORINE
          Votre honneur m'est cher, et je ne puis souffrir
548 Qu'aux brocards d'un chacun vous alliez vous offrir.

ORGON
Vous ne vous tairez point?

DORINE
                              C'est une conscience
Que de vous laisser faire une telle alliance.

ORGON
Te tairas-tu, serpent, dont les traits effrontés...?

DORINE
552 Ah! vous êtes dévot, et vous vous emportez?

ORGON
Oui, ma bile s'échauffe à toutes ces fadaises,
Et tout résolument je veux que tu te taises.

DORINE
Soit. Mais, ne disant mot, je n'en pense pas moins.

ORGON

556 Pense, si tu le veux; mais applique tes soins
A ne m'en point parler ou... Suffit.
(Se retournant vers sa fille.)
Comme sage,
J'ai pesé mûrement toutes choses.

DORINE

J'enrage
De ne pouvoir parler.
(Elle se tait lorsqu'il tourne la tête.)

ORGON

Sans être damoiseau,
560 Tartuffe est fait de sorte...

DORINE

Oui, c'est un beau museau.

ORGON

Que, quand tu n'aurais même aucune sympathie
Pour tous les autres dons...
(Il se tourne devant elle, et la regarde les bras croisés.)

DORINE

La voilà bien lotie!
Si j'étais en sa place, un homme assurément
564 Ne m'épouserait pas de force impunément;
Et je lui ferais voir bientôt après la fête
Qu'une femme a toujours une vengeance prête.

ORGON

Donc, de ce que je dis on ne fera nul cas?

DORINE

568 De quoi vous plaignez-vous? Je ne vous parle pas.

ORGON

Qu'est-ce que tu fais donc?

DORINE

Je me parle à moi-même.

ORGON

Fort bien. Pour châtier son insolence extrême,
Il faut que je lui donne un revers de ma main.
*(Il se met en posture de lui donner un soufflet; et
Dorine, à chaque coup d'œil qu'il jette, se tient
droite sans parler.)*

572 Ma fille, vous devez approuver mon dessein...
Croire que le mari... que j'ai su vous élire...
Que ne te parles-tu?

DORINE

Je n'ai rien à me dire.

ORGON

Encore un petit mot.

DORINE

Il ne me plaît pas, moi.

ORGON

576 Certes, je t'y guettais.

DORINE

Quelque sotte, ma foi!

ORGON

Enfin, ma fille, il faut payer d'obéissance,
Et montrer pour mon choix entière déférence.

DORINE, *en s'enfuyant.*

Je me moquerais fort de prendre un tel époux.

(*Il lui veut donner un soufflet et la manque.*)

ORGON

580 Vous avez là, ma fille, une peste avec vous,
Avec qui sans péché je ne saurais plus vivre.
Je me sens hors d'état maintenant de poursuivre:
Ses discours insolents m'ont mis l'esprit en feu,
584 Et je vais prendre l'air pour me rasseoir un peu.

SCÈNE III

DORINE, MARIANE

DORINE

Avez-vous donc perdu, dites-moi, la parole,
Et faut-il qu'en ceci je fasse votre rôle?
Souffrir qu'on vous propose un projet insensé,
588 Sans que du moindre mot vous l'ayez repoussé

MARIANE

Contre un père absolu que veux-tu que je fasse?

DORINE

Ce qu'il faut pour parer une telle menace.

MARIANE

Quoi?

DORINE

Lui dire qu'un cœur n'aime point par autrui,
592 Que vous vous mariez pour vous, non pas pour lui,
Qu'étant celle pour qui se fait toute l'affaire,
C'est à vous, non à lui, que le mari doit plaire,
Et que, si son Tartuffe est pour lui si charmant,
596 Il le peut épouser sans nul empêchement.

MARIANE

Un père, je l'avoue, a sur nous tant d'empire,
Que je n'ai jamais eu la force de rien dire.

DORINE

Mais raisonnons. Valère a fait pour vous des pas:
600 L'aimez-vous, je vous prie, ou ne l'aimez-vous pas?

MARIANE

Ah! qu'envers mon amour ton injustice est grande,
Dorine! me dois-tu faire cette demande?
T'ai-je pas là-dessus ouvert cent fois mon cœur,
604 Et sais-tu pas pour lui jusqu'où va mon ardeur?

DORINE

Que sais-je si le cœur a parlé par la bouche,
Et si c'est tout de bon que cet amant vous touche?

MARIANE

Tu me fais un grand tort, Dorine, d'en douter,
608 Et mes vrais sentiments ont su trop éclater.

DORINE

Enfin, vous l'aimez donc?

MARIANE

Oui, d'une ardeur extrême.

DORINE

Et selon l'apparence il vous aime de même?

MARIANE

Je le crois.

DORINE

Et tous deux brûlez également
612 De vous voir mariés ensemble?

MARIANE

Assurément.

DORINE
Sur cette autre union quelle est donc votre attente?

MARIANE
De me donner la mort si l'on me violente.

DORINE
Fort bien: c'est un recours où je ne songeais pas;
616 Vous n'avez qu'à mourir pour sortir d'embarras;
Le remède, sans doute, est merveilleux. J'enrage
Lorsque j'entends tenir ces sortes de langage.

MARIANE
Mon Dieu, de quelle humeur, Dorine, tu te rends!
620 Tu ne compatis point aux déplaisirs des gens.

DORINE
Je ne compatis point à qui dit des sornettes
Et dans l'occasion mollit comme vous faites.

MARIANE
Mais que veux-tu? si j'ai de la timidité.

DORINE
624 Mais l'amour dans un cœur veut de la fermeté.

MARIANE
Mais n'en gardé-je pas pour les feux de Valère?
Et n'est-ce pas à lui de m'obtenir d'un père?

DORINE
Mais quoi? si votre père est un bourru fieffé,
628 Qui s'est de son Tartuffe entièrement coiffé
Et manque à l'union qu'il avait arrêtée,
La faute à votre amant doit-elle être imputée?

MARIANE
Mais, par un haut refus et d'éclatants mépris,
632 Ferai-je dans mon choix voir un cœur trop épris?
Sortirai-je pour lui, quelque éclat dont il brille,
De la pudeur du sexe et du devoir de fille?
Et veux-tu que mes feux par le monde étalés....?

DORINE
636 Non, non, je ne veux rien. Je vois que vous voulez
Être à Monsieur Tartuffe; et j'aurais, quand j'y pense,
Tort de vous détourner d'une telle alliance.
Quelle raison aurais-je à combattre vos vœux?
640 Le parti de soi-même est fort avantageux.

Monsieur Tartuffe! oh! oh! n'est-ce rien qu'on propose?
Certes Monsieur Tartuffe, à bien prendre la chose,
N'est pas un homme, non, qui se mouche du pié,
644 Et ce n'est pas peu d'heur que d'être sa moitié.
Tout le monde déjà de gloire le couronne;
Il est noble chez lui, bien fait de sa personne;
Il a l'oreille rouge et le teint bien fleuri:
648 Vous vivrez trop contente avec un tel mari.

MARIANE

Mon Dieu!...

DORINE

Quelle allégresse aurez-vous dans votre âme,
Quand d'un époux si beau vous vous verrez la femme!

MARIANE

Ha! cesse, je te prie, un semblable discours,
652 Et contre cet hymen ouvre-moi du secours.
C'en est fait, je me rends, et suis prête à tout faire.

DORINE

Non, il faut qu'une fille obéisse à son père,
Voulût-il lui donner un singe pour époux.
656 Votre sort est fort beau: de quoi vous plaignez-vous?
Vous irez par le coche en sa petite ville,
Qu'en oncles et cousins vous trouverez fertile,
Et vous vous plairez fort à les entretenir.
660 D'abord chez le beau monde on vous fera venir;
Vous irez visiter, pour votre bienvenue,
Madame la baillive et Madame l'élue,
Qui d'un siège pliant vous feront honorer.
664 Là, dans le carnaval, vous pourrez espérer
Le bal et la grand'bande, à savoir, deux musettes,
Et, parfois Fagotin et les marionnettes.
Si pourtant votre époux...

MARIANE

Ah! tu me fais mourir.
668 De tes conseils plutôt songe à me secourir.

DORINE

Je suis votre servante.

MARIANE

Eh! Dorine, de grâce...

DORINE

Il faut, pour vous punir, que cette affaire passe.

MARIANE

Ma pauvre fille!

DORINE

Non.

MARIANE

Si mes vœux déclarés...

DORINE

672 Point. Tartuffe est votre homme, et vous en tâterez.

MARIANE

Tu sais qu'à toi toujours je me suis confiée:
Fais-moi...

DORINE

Non, vous serez, ma foi! tartuffiée.

MARIANE

Hé bien! puisque mon sort ne saurait t'émouvoir,
676 Laisse-moi désormais toute à mon désespoir:
C'est de lui que mon cœur empruntera de l'aide,
Et je sais de mes maux l'infaillible remède.

(*Elle veut s'en aller.*)

DORINE

Hé! là, là, revenez, je quitte mon courroux.
680 Il faut, nonobstant tout, avoir pitié de vous.

MARIANE

Vois-tu, si l'on m'expose à ce cruel martyre,
Je te le dis, Dorine, il faudra que j'expire.

DORINE

Ne vous tourmentez point. On peut adroitement
684 Empêcher... Mais voici Valère, votre amant.

SCÈNE IV

*Le malentendu
1st part of scene.
entre Valère et
Mariane.*

VALÈRE, MARIANE, DORINE

VALÈRE

On vient de débiter, Madame, une nouvelle
Que je ne savais pas, et qui sans doute est belle.

MARIANE

Quoi?

VALÈRE
Que vous épousez Tartuffe.

MARIANE
Il est certain
688 Que mon père s'est mis en tête ce dessein.

VALÈRE
Votre père, Madame...

MARIANE
A changé de visée:
La chose vient par lui de m'être proposée.

VALÈRE
Quoi? sérieusement?

MARIANE
Oui, sérieusement.
692 Il s'est pour cet hymen déclaré hautement.

VALÈRE
Et quel est le dessein où votre âme s'arrête,
Madame?

MARIANE
Je ne sais.

VALÈRE
La réponse est honnête.
Vous ne savez?

MARIANE
Non.

VALÈRE
Non?

MARIANE
Que me conseillez-vous?

VALÈRE
696 Je vous conseille, moi, de prendre cet époux.

MARIANE
Vous me le conseillez?

VALÈRE
Oui.

MARIANE
Tout de bon?

VALÈRE
Sans doute.
Le choix est glorieux, et vaut bien qu'on l'écoute.

MARIANE

Hé bien! c'est un conseil, Monsieur, que je reçois.

VALÈRE

700 Vous n'aurez pas grand'peine à le suivre, je crois.

MARIANE

Pas plus qu'à le donner en a souffert votre âme.

VALÈRE

Moi, je vous l'ai donné pour vous plaire, Madame.

MARIANE

Et moi, je le suivrai pour vous faire plaisir.

DORINE, à part.

704 Voyons ce qui pourra de ceci réussir.

VALÈRE

C'est donc ainsi qu'on aime? Et c'était tromperie
Quand vous...

MARIANE

Ne parlons point de cela, je vous prie.
Vous m'avez dit tout franc que je dois accepter
708 Celui que pour époux on me veut présenter:
Et je déclare, moi, que je prétends le faire,
Puisque vous m'en donnez le conseil salutaire.

VALÈRE

Ne vous excusez point sur mes intentions:
712 Vous aviez pris déjà vos résolutions;
Et vous vous saisissez d'un prétexte frivole
Pour vous autoriser à manquer de parole.

MARIANE

Il est vrai, c'est bien dit.

VALÈRE

Sans doute; et votre cœur
716 N'a jamais eu pour moi de véritable ardeur.

MARIANE

Hélas! permis à vous d'avoir cette pensée.

VALÈRE

Oui, oui, permis à moi; mais mon âme offensée
Vous préviendra peut-être en un pareil dessein;
720 Et je sais où porter et mes vœux et ma main.

MARIANE

Ah! je n'en doute point; et les ardeurs qu'excite
Le mérite...

VALÈRE

Mon Dieu, laissons là le mérite:
J'en ai fort peu sans doute, et vous en faites foi;
724 Mais j'espère aux bontés qu'une autre aura pour moi,
Et j'en sais de qui l'âme, à ma retraite ouverte,
Consentira sans honte à réparer ma perte.

MARIANE

La perte n'est pas grande; et de ce changement
728 Vous vous consolerez assez facilement.

VALÈRE

J'y ferai mon possible, et vous le pouvez croire.
Un cœur qui nous oublie engage notre gloire:
Il faut à l'oublier mettre aussi tous nos soins:
732 Si l'on n'en vient à bout, on le doit feindre au moins;
Et cette lâcheté jamais ne se pardonne,
De montrer de l'amour pour qui nous abandonne.

MARIANE

Ce sentiment, sans doute, est noble et relevé.

VALÈRE

736 Fort bien, et d'un chacun il doit être approuvé.
Hé quoi? vous voudriez qu'à jamais dans mon âme
Je gardasse pour vous les ardeurs de ma flamme,
Et vous visse, à mes yeux, passer en d'autres bras,
740 Sans mettre ailleurs un cœur dont vous ne voulez pas?

MARIANE

Au contraire: pour moi, c'est ce que je souhaite;
Et je voudrais déjà que la chose fût faite.

VALÈRE

Vous le voudriez?

MARIANE

Oui.

VALÈRE

C'est assez m'insulter,
744 Madame, et de ce pas je vais vous contenter.
(Il fait un pas pour s'en aller et revient toujours.)

MARIANE

Fort bien.

VALÈRE

Souvenez-vous au moins que c'est vous-même
Qui contraignez mon cœur à cet effort extrême.

MARIANE

Oui.

VALÈRE

Et que le dessein que mon âme conçoit
748   N'est rien qu'à votre exemple.

MARIANE

A mon exemple, soit.

VALÈRE

Suffit: vous allez être à point nommé servie.

MARIANE

Tant mieux.

VALÈRE

Vous me voyez, c'est pour toute ma vie.

MARIANE

A la bonne heure!

VALÈRE

Euh?

(*Il s'en va; et lorsqu'il est vers la porte, il se retourne.*)

MARIANE

Quoi?

VALÈRE

Ne m'appelez-vous pas?

MARIANE

752   Moi! Vous rêvez.

VALÈRE

Hé bien! je poursuis donc mes pas.
Adieu, Madame.

MARIANE

Adieu, Monsieur.

DORINE

Pour moi, je pense
Que vous perdez l'esprit par cette extravagance;
Et je vous ai laissé tout du long quereller,
756   Pour voir où tout cela pourrait enfin aller.
Holà! seigneur Valère.

(*Elle va l'arrêter par le bras, et Valère fait mine de
grande résistance.*)

VALÈRE
Hé! que veux-tu, Dorine?

DORINE
Venez ici.

VALÈRE
Non, non, le dépit me domine.
Ne me détourne point de ce qu'elle a voulu.

DORINE
760   Arrêtez.

VALÈRE
Non, vois-tu? c'est un point résolu,

DORINE
Ah!

MARIANE
Il souffre à me voir, ma présence le chasse,
Et je ferai bien mieux de lui quitter la place.

DORINE. *Elle quitte Valère et court à Mariane.*
A l'autre! Où courez-vous?

MARIANE
Laisse.

DORINE
Il faut revenir.

MARIANE
764   Non, non, Dorine; en vain tu veux me retenir.

VALÈRE
Je vois bien que ma vue est pour elle un supplice,
Et sans doute il vaut mieux que je l'en affranchisse.

DORINE. *Elle quitte Mariane et court à Valère.*
Encor? Diantre soit fait de vous si je le veux!
768   Cessez ce badinage, et venez çà tous deux.
(*Elle les tire l'un et l'autre.*)

VALÈRE
Mais quel est ton dessein?

MARIANE
Qu'est-ce que tu veux faire?

DORINE
Vous bien remettre ensemble, et vous tirer d'affaire.
Êtes-vous fou d'avoir un pareil démêlé?

VALÈRE
772   N'as-tu pas entendu comme elle m'a parlé?

DORINE

Êtes-vous folle, vous, de vous être emportée?

MARIANE

N'as-tu pas vu la chose, et comme il m'a traitée?

DORINE

Sottise des deux parts. Elle n'a d'autre soin
776 Que de se conserver à vous, j'en suis témoin.
Il n'aime que vous seule, et n'a point d'autre envie
Que d'être votre époux; j'en réponds sur ma vie.

MARIANE

Pourquoi donc me donner un semblable conseil?

VALÈRE

780 Pourquoi m'en demander sur un sujet pareil?

DORINE

Vous êtes fous tous deux. Çà, la main, l'un et l'autre.
Allons, vous.

VALÈRE, *en donnant sa main à Dorine.*
A quoi bon ma main?

DORINE, *à Mariane.*

Ah! Çà, la vôtre.

MARIANE, *en donnant aussi sa main.*
De quoi sert tout cela?

DORINE

Mon Dieu! vite, avancez.
784 Vous vous aimez tous deux plus que vous ne pensez.

VALÈRE, *à Mariane*
Mais ne faites donc point les choses avec peine,
Et regardez un peu les gens sans nulle haine.
(*Mariane tourne l'œil sur Valère et fait un petit souris.*)

DORINE

A vous dire le vrai, les amants sont bien fous!

VALÈRE

788 Ho, çà, n'ai-je pas lieu de me plaindre de vous?
Et pour n'en point mentir, n'êtes-vous pas méchante
De vous plaire à me dire une chose affligeante?

MARIANE

Mais vous, n'êtes-vous pas l'homme le plus ingrat...?

DORINE

792 Pour une autre saison laissons tout ce débat,
Et songeons à parer ce fâcheux mariage.

MARIANE

Dis-nous donc quels ressorts il faut mettre en usage.

DORINE

Nous en ferons agir de toutes les façons.
796 Votre père se moque, et ce sont des chansons;
Mais pour vous, il vaut mieux qu'à son extravagance
D'un doux consentement vous prêtiez l'apparence,
Afin qu'en cas d'alarme il vous soit plus aisé
800 De tirer en longueur cet hymen proposé.
En attrapant du temps, à tout on remédie.
Tantôt vous payerez de quelque maladie
Qui viendra tout à coup et voudra des délais;
804 Tantôt vous payerez de présages mauvais:
Vous aurez fait d'un mort la rencontre fâcheuse,
Cassé quelque miroir, ou songé d'eau bourbeuse.
Enfin, le bon de tout, c'est qu'à d'autres qu'à lui
808 On ne vous peut lier que vous ne disiez «oui.»
Mais, pour mieux réussir, il est bon, ce me semble,
Qu'on ne vous trouve point tous deux parlant ensemble.
        (A Valère.)
Sortez, et sans tarder employez vos amis,
812 Pour vous faire tenir ce qu'on vous a promis.
Nous allons réveiller les efforts de son frère,
Et dans notre parti jeter la belle-mère.
Adieu.

VALÈRE, à Mariane.

        Quelques efforts que nous préparions tous,
816 Ma plus grande espérance, à vrai dire, est en vous.

MARIANE, à Valère.

Je ne vous réponds pas des volontés d'un père;
Mais je ne serai point à d'autre qu'à Valère.

VALÈRE

Que vous me comblez d'aise! et, quoi que puisse oser...

DORINE

820 Ah! jamais les amants ne sont las de jaser.
Sortez, vous dis-je.

VALÈRE. Il fait un pas et revient.
        Enfin...

DORINE

Quel caquet est le vôtre!
Tirez de cette part; et vous, tirez de l'autre.

(*Les poussant chacun par l'épaule.*)

ACTE III

SCÈNE PREMIÈRE

DAMIS, DORINE

DAMIS

Que la foudre sur l'heure achève mes destins,
824 Qu'on me traite partout du plus grand des faquins,
S'il est aucun respect ni pouvoir qui m'arrête,
Et si je ne fais pas quelque coup de ma tête!

DORINE

De grâce, modérez un tel emportement:
828 Votre père n'a fait qu'en parler simplement.
On n'exécute pas tout ce qui se propose,
Et le chemin est long du projet à la chose.

DAMIS

Il faut que de ce fat j'arrête les complots,
832 Et qu'à l'oreille un peu je lui dise deux mots.

DORINE

Ha! tout doux! envers lui, comme envers votre père,
Laissez agir les soins de votre belle-mère.
Sur l'esprit de Tartuffe elle a quelque crédit;
836 Il se rend complaisant à tout ce qu'elle dit,
Et pourrait bien avoir douceur de cœur pour elle.
Plût à Dieu qu'il fût vrai! la chose serait belle.
Enfin votre intérêt l'oblige à le mander:
840 Sur l'hymen qui vous trouble elle veut le sonder,
Savoir ses sentiments, et lui faire connaître
Quels fâcheux démêlés il pourra faire naître,
S'il faut qu'à ce dessein il prête quelque espoir.
844 Son valet dit qu'il prie, et je n'ai pu le voir;
Mais ce valet m'a dit qu'il s'en allait descendre.
Sortez donc, je vous prie, et me laissez l'attendre.

DAMIS

Je puis être présent à tout cet entretien.

DORINE

848   Point. Il faut qu'ils soient seuls.

DAMIS

Je ne lui dirai rien.

DORINE

Vous vous moquez: on sait vos transports ordinaires,
Et c'est le vrai moyen de gâter les affaires.
Sortez.

DAMIS

Non: je veux voir, sans me mettre en courroux.

DORINE

852   Que vous êtes fâcheux! Il vient. Retirez-vous.

SCÈNE II

TARTUFFE, LAURENT, DORINE

TARTUFFE, *apercevant Dorine*
Laurent, serrez ma haire avec ma discipline,
Et priez que toujours le ciel vous illumine.
Si l'on vient pour me voir, je vais aux prisonniers
856   Des aumônes que j'ai partager les deniers.

DORINE

Que d'affectation et de forfanterie!

TARTUFFE

Que voulez-vous?

DORINE

Vous dire...

TARTUFFE. *Il tire un mouchoir de sa poche.*
Ah! mon Dieu, je vous prie,
Avant que de parler, prenez-moi ce mouchoir.

DORINE

860   Comment?

TARTUFFE

Couvrez ce sein que je ne saurais voir:
Par de pareils objets les âmes sont blessées,
Et cela fait venir de coupables pensées.

DORINE

Vous êtes donc bien tendre à la tentation,
864   Et la chair sur vos sens fait grande impression!

Certes, je ne sais pas quelle chaleur vous monte:
Mais à convoiter, moi, je ne suis point si prompte,
Et je vous verrais nu du haut jusques en bas,
868   Que toute votre peau ne me tenterait pas.

TARTUFFE

Mettez dans vos discours un peu de modestie,
Ou je vais sur-le-champ vous quitter la partie.

DORINE

Non, non, c'est moi qui vais vous laisser en repos,
872   Et je n'ai seulement qu'à vous dire deux mots.
Madame va venir dans cette salle basse,
Et d'un mot d'entretien vous demande la grâce.

TARTUFFE

Hélas! très-volontiers.

DORINE, *en soi-même.*

           Comme il se radoucit!
876   Ma foi, je suis toujours pour ce que j'en ai dit.

TARTUFFE

Viendra-t-elle bientôt?

DORINE

         · Je l'entends, ce me semble.
Oui, c'est elle en personne, et je vous laisse ensemble.

SCÈNE III

ELMIRE, TARTUFFE

TARTUFFE

Que le Ciel à jamais, par sa toute bonté,
880   Et de l'âme et du corps vous donne la santé,
Et bénisse vos jours autant que le désire
Le plus humble de ceux que son amour inspire!

ELMIRE

Je suis fort obligée à ce souhait pieux;
884   Mais prenons une chaise afin d'être un peu mieux.

TARTUFFE

Comment de votre mal vous sentez-vous remise?

ELMIRE

Fort bien, et cette fièvre a bientôt quitté prise.

TARTUFFE

Mes prières n'ont pas le mérite qu'il faut
888 Pour avoir attiré cette grâce d'en haut;
Mais je n'ai fait au ciel nulle dévote instance
Qui n'ait eu pour objet votre convalescence.

ELMIRE

Votre zèle pour moi s'est trop inquiété.

TARTUFFE

892 On ne peut trop chérir votre chère santé,
Et pour la rétablir j'aurais donné la mienne.

ELMIRE

C'est pousser bien avant la charité chrétienne,
Et je vous dois beaucoup pour toutes ces bontés.

TARTUFFE

896 Je fais bien moins pour vous que vous ne méritez.

ELMIRE

J'ai voulu vous parler en secret d'une affaire,
Et suis bien aise ici qu'aucun ne nous éclaire.

TARTUFFE

J'en suis ravi de même, et sans doute il m'est doux,
900 Madame, de me voir seul à seul avec vous:
C'est une occasion qu'au Ciel j'ai demandée,
Sans que jusqu'à cette heure il me l'ait accordée.

ELMIRE

Pour moi, ce que je veux, c'est un mot d'entretien,
904 Où tout votre cœur s'ouvre, et ne me cache rien.

TARTUFFE

Et je ne veux aussi, pour grâce singulière,
Que montrer à vos yeux mon âme tout entière,
Et vous faire serment que les bruits que j'ai faits
908 Des visites qu'ici reçoivent vos attraits
Ne sont pas envers vous l'effet d'aucune haine,
Mais plutôt d'un transport de zèle qui m'entraîne,
Et d'un pur mouvement...

ELMIRE

               Je le prends bien aussi,
912 Et crois que mon salut vous donne ce souci.

TARTUFFE. *Il lui serre le bout des doigts.*

Oui, madame, sans doute, et ma ferveur est telle...

ELMIRE

Ouf! vous me serrez trop.

TARTUFFE

C'est par excès de zèle.

De vous faire aucun mal je n'eus jamais dessein,
916 Et j'aurais bien plutôt...

(Il lui met la main sur le genou.)

ELMIRE

Que fait là votre main?

TARTUFFE

Je tâte votre habit: l'étoffe en est moelleuse.

ELMIRE

Ah! de grâce, laissez; je suis fort chatouilleuse.

(Elle recule sa chaise, et Tartuffe rapproche la sienne.)

TARTUFFE

Mon Dieu! que de ce point l'ouvrage est merveilleux!
920 On travaille aujourd'hui d'un air miraculeux;
Jamais en toute chose on n'a vu si bien faire.

ELMIRE

Il est vrai. Mais parlons un peu de notre affaire.
On tient que mon mari veut dégager sa foi,
924 Et vous donner sa fille. Est-il vrai, dites-moi?

TARTUFFE

Il m'en a dit deux mots; mais, Madame, à vrai dire,
Ce n'est pas le bonheur après quoi je soupire;
Et je vois autre part les merveilleux attraits
928 De la félicité qui fait tous mes souhaits.

ELMIRE

C'est que vous n'aimez rien des choses de la terre.

TARTUFFE

Mon sein n'enferme pas un cœur qui soit de pierre.

ELMIRE

Pour moi, je crois qu'au Ciel tendent tous vos soupirs,
932 Et que rien ici-bas n'arrête vos désirs.

TARTUFFE

L'amour qui nous attache aux beautés éternelles
N'étouffe pas en nous l'amour des temporelles;
Nos sens facilement peuvent être charmés
936 Des ouvrages parfaits que le ciel a formés.

Ses attraits réfléchis brillent dans vos pareilles;
Mais il étale en vous ses plus rares merveilles:
Il a sur votre face épanché des beautés
940 Dont les yeux sont surpris, et les cœurs transportés,
Et je n'ai pu vous voir, parfaite créature,
Sans admirer en vous l'auteur de la nature,
Et d'une ardente amour sentir mon cœur atteint,
944 Au plus beau des portraits où lui-même il s'est peint.
D'abord j'appréhendai que cette ardeur secrète
Ne fût du noir esprit une surprise adroite,
Et même à fuir vos yeux mon cœur se résolut,
948 Vous croyant un obstacle à faire mon salut.
Mais enfin je connus, ô beauté toute aimable,
Que cette passion peut n'être point coupable,
Que je puis l'ajuster avecque la pudeur,
952 Et c'est ce qui m'y fait abandonner mon cœur.
Ce m'est, je le confesse, une audace bien grande
Que d'oser de ce cœur vous adresser l'offrande;
Mais j'attends en mes vœux tout de votre bonté,
956 Et rien des vains efforts de mon infirmité;
En vous est mon espoir, mon bien, ma quiétude:
De vous dépend ma peine ou ma béatitude,
Et je vais être enfin, par votre seul arrêt,
960 Heureux, si vous voulez, malheureux, s'il vous plaît.

ELMIRE

La déclaration est tout à fait galante,
Mais elle est, à vrai dire, un peu bien surprenante.
Vous deviez, ce me semble, armer mieux votre sein,
964 Et raisonner un peu sur un pareil dessein.
Un dévot comme vous, et que partout on nomme...

TARTUFFE

Ah! pour être dévot, je n'en suis pas moins homme;
Et lorsqu'on vient à voir vos célestes appas,
968 Un cœur se laisse prendre, et ne raisonne pas.
Je sais qu'un tel discours de moi paraît étrange;
Mais, Madame, après tout, je ne suis pas un ange;
Et si vous condamnez l'aveu que je vous fais,
972 Vous devez vous en prendre à vos charmants attraits.
Dès que j'en vis briller la splendeur plus qu'humaine,
De mon intérieur vous fûtes souveraine;
De vos regards divins l'ineffable douceur
976 Força la résistance où s'obstinait mon cœur;

Elle surmonta tout, jeûnes, prières, larmes,
Et tourna tous mes vœux du côté de vos charmes.
Mes yeux et mes soupirs vous l'ont dit mille fois,
980   Et pour mieux m'expliquer j'emploie ici la voix.
Que si vous contemplez d'une âme un peu bénigne
Les tribulations de votre esclave indigne,
S'il faut que vos bontés veuillent me consoler
984   Et jusqu'à mon néant daignent se ravaler,
J'aurai toujours pour vous, ô suave merveille,
Une dévotion à nulle autre pareille.
Votre honneur avec moi ne court point de hasard,
988   Et n'a nulle disgrâce à craindre de ma part.
Tous ces galants de cour dont les femmes sont folles,
Sont bruyants dans leurs faits et vains dans leurs paroles,
De leurs progrès sans cesse on les voit se targuer;
992   Ils n'ont point de faveurs qu'ils n'aillent divulguer,
Et leur langue indiscrète, en qui l'on se confie,
Déshonore l'autel où leur cœur sacrifie.
Mais les gens comme nous brûlent d'un feu discret,
996   Avec qui pour toujours on est sûr du secret:
Le soin que nous prenons de notre renommée
Répond de toute chose à la personne aimée,
Et c'est en nous qu'on trouve, acceptant notre cœur,
1000   De l'amour sans scandale et du plaisir sans peur.

                    ELMIRE
Je vous écoute dire, et votre rhétorique
En termes assez forts à mon âme s'explique.
N'appréhendez-vous point que je ne sois d'humeur
1004   A dire à mon mari cette galante ardeur,
Et que le prompt avis d'un amour de la sorte
Ne pût bien altérer l'amitié qu'il vous porte?

                    TARTUFFE
Je sais que vous avez trop de bénignité,
1008   Et que vous ferez grâce à ma témérité,
Que vous m'excuserez sur l'humaine faiblesse
Des violents transports d'un amour qui vous blesse,
Et considérerez, en regardant votre air,
1012   Que l'on n'est pas aveugle, et qu'un homme est de chair.

                    ELMIRE
D'autres prendraient cela d'autre façon peut-être;
Mais ma discrétion se veut faire paraître.

Je ne redirai point l'affaire à mon époux;
1016 Mais je veux en revanche une chose de vous:
C'est de presser tout franc, et sans nulle chicane,
L'union de Valère avecque Mariane,
De renoncer vous-même à l'injuste pouvoir
1020 Qui veut du bien d'un autre enrichir votre espoir,
Et...

SCÈNE IV

DAMIS, ELMIRE, TARTUFFE

DAMIS, *sortant du petit cabinet où il s'était retiré.*
Non, madame, non: ceci doit se répandre.
J'étais en cet endroit, d'où j'ai pu tout entendre;
Et la bonté du ciel m'y semble avoir conduit
1024 Pour confondre l'orgueil d'un traître qui me nuit,
Pour m'ouvrir une voie à prendre la vengeance
De son hypocrisie et de son insolence,
A détromper mon père, et lui mettre en plein jour
1028 L'âme d'un scélérat qui vous parle d'amour.

ELMIRE

Non, Damis: il suffit qu'il se rende plus sage,
Et tâche à mériter la grâce où je m'engage.
Puisque je l'ai promis, ne m'en dédites pas.
1032 Ce n'est point mon humeur de faire des éclats:
Une femme se rit de sottises pareilles,
Et jamais d'un mari n'en trouble les oreilles.

DAMIS

Vous avez vos raisons pour en user ainsi,
1036 Et pour faire autrement j'ai les miennes aussi.
Le vouloir épargner est une raillerie;
Et l'insolent orgueil de sa cagoterie
N'a triomphé que trop de mon juste courroux,
1040 Et que trop excité de désordre chez nous.
Le fourbe trop longtemps a gouverné mon père,
Et desservi mes feux avec ceux de Valère.
Il faut que du perfide il soit désabusé,
1044 Et le Ciel, pour cela, m'offre un moyen aisé.
De cette occasion je lui suis redevable,
Et pour la négliger elle est trop favorable:
Ce serait mériter qu'il me la vînt ravir
1048 Que de l'avoir en main et ne m'en pas servir.

ELMIRE

Damis...

DAMIS

Non, s'il vous plaît, il faut que je me croie.
Mon âme est maintenant au comble de sa joie;
Et vos discours en vain prétendent m'obliger
1052   A quitter le plaisir de me pouvoir venger.
Sans aller plus avant, je vais vider d'affaire;
Et voici justement de quoi me satisfaire.

SCÈNE V

ORGON, DAMIS, TARTUFFE, ELMIRE

DAMIS

Nous allons régaler, mon père, votre abord
1056   D'un incident tout frais qui vous surprendra fort.
Vous êtes bien payé de toutes vos caresses,
Et Monsieur d'un beau prix reconnaît vos tendresses.
Son grand zèle pour vous vient de se déclarer:
1060   Il ne va pas à moins qu'à vous déshonorer;
Et je l'ai surpris là qui faisait à Madame
L'injurieux aveu d'une coupable flamme.
Elle est d'une humeur douce, et son cœur trop discret
1064   Voulait à toute force en garder le secret;
Mais je ne puis flatter une telle impudence,
Et crois que vous la taire est vous faire une offense.

ELMIRE

Oui, je tiens que jamais de tous ces vains propos
1068   On ne doit d'un mari traverser le repos,
Que ce n'est point de là que l'honneur peut dépendre,
Et qu'il suffit pour nous de savoir nous défendre:
Ce sont mes sentiments; et vous n'auriez rien dit,
1072   Damis, si j'avais eu sur vous quelque crédit.

SCÈNE VI

ORGON, DAMIS, TARTUFFE

ORGON

Ce que je viens d'entendre, ô Ciel! est-il croyable?

TARTUFFE

Oui, mon frère, je suis un méchant, un coupable,
Un malheureux pécheur, tout plein d'iniquité,
1076 Le plus grand scélérat qui jamais ait été;
Chaque instant de ma vie est chargé de souillures;
Elle n'est qu'un amas de crimes et d'ordures;
Et je vois que le Ciel, pour ma punition,
1080 Me veut mortifier en cette occasion.
De quelque grand forfait qu'on me puisse reprendre,
Je n'ai garde d'avoir l'orgueil de m'en défendre.
Croyez ce qu'on vous dit, armez votre courroux,
1084 Et comme un criminel chassez-moi de chez vous:
Je ne saurais avoir tant de honte en partage,
Que je n'en aie encor mérité davantage.

ORGON, *à son fils.*

Ah! traître, oses-tu bien, par cette fausseté,
1088 Vouloir de sa vertu ternir la pureté?

DAMIS

Quoi! la feinte douceur de cette âme hypocrite
Vous fera démentir...

ORGON

Tais-toi, peste maudite!

TARTUFFE

Ah! laissez-le parler: vous l'accusez à tort,
1092 Et vous ferez bien mieux de croire à son rapport.
Pourquoi sur un tel fait m'être si favorable?
Savez-vous, après tout, de quoi je suis capable?
Vous fiez-vous, mon frère, à mon extérieur?
1096 Et, pour tout ce qu'on voit, me croyez-vous meilleur?
Non, non: vous vous laissez tromper à l'apparence,
Et je ne suis rien moins, hélas! que ce qu'on pense.
Tout le monde me prend pour un homme de bien;
1100 Mais la vérité pure est que je ne vaux rien.

(*S'adressant à Damis.*)

Oui, mon cher fils, parlez: traitez-moi de perfide,
D'infâme, de perdu, de voleur, d'homicide;
Accablez-moi de noms encor plus détestés:
1104 Je n'y contredis point, je les ai mérités;
Et j'en veux à genoux souffrir l'ignominie,
Comme une honte due aux crimes de ma vie.

ORGON, *à Tartuffe*

Mon frère, c'en est trop.

(A son fils.)

Ton cœur ne se rend point,

1108 Traître?

DAMIS

Quoi? ses discours vous séduiront au point...

ORGON

Tais-toi, pendard!

(A Tartuffe.)

Mon frère, eh! levez-vous, de grâce!

(A son fils.)

Infâme!

DAMIS

Il peut...

ORGON

Tais-toi.

DAMIS

J'enrage! Quoi? je passe...

ORGON

Si tu dis un seul mot, je te romprai les bras.

TARTUFFE

1112 Mon frère, au nom de Dieu, ne vous emportez pas.

J'aimerais mieux souffrir la peine la plus dure,

Qu'il eût reçu pour moi la moindre égratignure.

ORGON, *à son fils.*

Ingrat!

TARTUFFE

Laissez-le en paix. S'il faut, à deux genoux,

1116 Vous demander sa grâce...

ORGON, *à Tartuffe.*

Hélas! vous moquez-vous?

(A son fils.)

Coquin! vois sa bonté.

DAMIS

Donc...

ORGON

Paix!

DAMIS

Quoi? je...

ORGON
                                          Paix, dis-je.
Je sais bien quel motif à l'attaquer t'oblige:
Vous le haïssez tous; et je vois aujourd'hui
1120 Femme, enfants et valets déchaînés contre lui.
On met impudemment toute chose en usage,
Pour ôter de chez moi ce dévot personnage.
Mais plus on fait d'efforts afin de l'en bannir,
1124 Plus j'en veux employer à l'y mieux retenir;
Et je vais me hâter de lui donner ma fille,
Pour confondre l'orgueil de toute ma famille.

DAMIS
A recevoir sa main on pense l'obliger?

ORGON
1128 Oui, traître, et dès ce soir, pour vous faire enrager.
Ah! je vous brave tous, et vous ferai connaître
Qu'il faut qu'on m'obéisse et que je suis le maître.
Allons, qu'on se rétracte, et qu'à l'instant, fripon,
1132 On se jette à ses pieds pour demander pardon.

DAMIS
Qui, moi? de ce coquin, qui, par ses impostures...

ORGON
Ah! tu résistes, gueux, et lui dis des injures?
Un bâton, un bâton!
                                          (A Tartuffe.)
                              Ne me retenez pas.
                (A son fils.)
1136 Sus, que de ma maison on sorte de ce pas,
Et que d'y revenir on n'ait jamais l'audace.

DAMIS
Oui, je sortirai; mais...

ORGON
                                  Vite, quittons la place.
Je te prive, pendard, de ma succession,
1140 Et te donne, de plus, ma malédiction.

SCÈNE VII

ORGON, TARTUFFE

ORGON
Offenser de la sorte une sainte personne!

TARTUFFE

Ô Ciel! pardonne-lui la douleur qu'il me donne!
       (*A Orgon.*)
      Si vous pouviez savoir avec quel déplaisir
1144 Je vois qu'envers mon frère on tâche à me noircir...

ORGON

Hélas!

TARTUFFE

      Le seul penser de cette ingratitude
Fait souffrir à mon âme un supplice si rude...
L'horreur que j'en conçois... J'ai le cœur si serré
1148 Que je ne puis parler et crois que j'en mourrai.

ORGON. *Il court tout en larmes à la porte
            par où il a chassé son fils.*
Coquin! je me repens que ma main t'ait fait grâce,
Et ne t'ait pas d'abord assommé sur la place.
Remettez-vous, mon frère, et ne vous fâchez pas.

TARTUFFE

1152 Rompons, rompons le cours de ces fâcheux débats.
Je regarde céans quels grands troubles j'apporte
Et crois qu'il est besoin, mon frère, que j'en sorte.

ORGON

Comment? Vous moquez-vous?

TARTUFFE

                          On m'y hait, et je voi
1156 Qu'on cherche à vous donner des soupçons de ma foi.

ORGON

Qu'importe! Voyez-vous que mon cœur les écoute?

TARTUFFE

On ne manquera pas de poursuivre, sans doute;
Et ces mêmes rapports, qu'ici vous rejetez,
1160 Peut-être une autre fois seront-ils écoutés.

ORGON

Non, mon frère, jamais.

TARTUFFE

                  Ah! mon frère, une femme
Aisément d'un mari peut bien surprendre l'âme.

ORGON

Non, non.

TARTUFFE

Laissez-moi vite, en m'éloignant d'ici,
1164   Leur ôter tout sujet de m'attaquer ainsi.

ORGON

Non, vous demeurerez: il y va de ma vie.

TARTUFFE

Hé bien, il faudra donc que je me mortifie.
Pourtant, si vous vouliez...

ORGON

Ah!

TARTUFFE

Soit: n'en parlons plus.
1168   Mais je sais comme il faut en user là-dessus.
L'honneur est délicat, et l'amitié m'engage
A prévenir les bruits et les sujets d'ombrage.
Je fuirai votre épouse, et vous ne me verrez...

ORGON

1172   Non, en dépit de tous, vous la fréquenterez.
Faire enrager le monde est ma plus grande joie,
Et je veux qu'à toute heure avec elle on vous voie.
Ce n'est pas tout encor: pour les mieux braver tous,
1176   Je ne veux point avoir d'autre héritier que vous,
Et je vais de ce pas, en fort bonne manière,
Vous faire de mon bien donation entière.
Un bon et franc ami, que pour gendre je prends,
1180   M'est bien plus cher que fils, que femme et que parents.
N'accepterez-vous pas ce que je vous propose?

TARTUFFE

La volonté du Ciel soit faite en toute chose!

ORGON

Le pauvre homme! Allons vite en dresser un écrit,
1184   Et que puisse l'envie en crever de dépit!

ACTE IV

SCÈNE PREMIÈRE

CLÉANTE, TARTUFFE

CLÉANTE

Oui, tout le monde en parle, et vous m'en pouvez croire,
L'éclat que fait ce bruit n'est point à votre gloire;

Et je vous ai trouvé, Monsieur, fort à propos,
1188 Pour vous en dire net ma pensée en deux mots.
Je n'examine point à fond ce qu'on expose;
Je passe là-dessus, et prends au pis la chose.
Supposons que Damis n'en ait pas bien usé,
1192 Et que ce soit à tort qu'on vous ait accusé:
N'est-il pas d'un chrétien de pardonner l'offense,
Et d'éteindre en son cœur tout désir de vengeance?
Et devez-vous souffrir, pour votre démêlé,
1196 Que du logis d'un père un fils soit exilé?
Je vous le dis encore, et parle avec franchise,
Il n'est petit ni grand qui ne s'en scandalise;
Et, si vous m'en croyez, vous pacifierez tout,
1200 Et ne pousserez point les affaires à bout.
Sacrifiez à Dieu toute votre colère,
Et remettez le fils en grâce avec le père.

TARTUFFE

Hélas! je le voudrais, quant à moi, de bon cœur:
1204 Je ne garde pour lui, Monsieur, aucune aigreur;
Je lui pardonne tout, de rien je ne le blâme,
Et voudrais le servir du meilleur de mon âme;
Mais l'intérêt du Ciel n'y saurait consentir,
1208 Et, s'il rentre céans, c'est à moi d'en sortir.
Après son action, qui n'eut jamais d'égale,
Le commerce entre nous porterait du scandale:
Dieu sait ce que d'abord tout le monde en croirait!
1212 A pure politique on me l'imputerait;
Et l'on dirait partout que, me sentant coupable,
Je feins pour qui m'accuse un zèle charitable,
Que mon cœur l'appréhende et veut le ménager,
1216 Pour le pouvoir sous main au silence engager.

CLÉANTE

Vous nous payez ici d'excuses colorées,
Et toutes vos raisons, Monsieur, sont trop tirées.
Des intérêts du Ciel pourquoi vous chargez-vous?
1220 Pour punir le coupable a-t-il besoin de nous?
Laissez-lui, laissez-lui le soin de ses vengeances;
Ne songez qu'au pardon qu'il prescrit des offenses;
Et ne regardez point aux jugements humains,
1224 Quand vous suivez du Ciel les ordres souverains.
Quoi! le faible intérêt de ce qu'on pourra croire
D'une bonne action empêchera la gloire?

Non, non: faisons toujours ce que le Ciel prescrit,
1228 Et d'aucun autre soin ne nous brouillons l'esprit.

TARTUFFE

Je vous ai déjà dit que mon cœur lui pardonne,
Et c'est faire, Monsieur, ce que le Ciel ordonne;
Mais après le scandale et l'affront d'aujourd'hui,
1232 Le Ciel n'ordonne pas que je vive avec lui.

CLÉANTE

Et vous ordonne-t-il, Monsieur, d'ouvrir l'oreille
A ce qu'un pur caprice à son père conseille,
Et d'accepter le don qui vous est fait d'un bien
1236 Où le droit vous oblige à ne prétendre rien?

TARTUFFE

Ceux qui me connaîtront n'auront pas la pensée
Que ce soit un effet d'une âme intéressée.
Tous les biens de ce monde ont pour moi peu d'appas,
1240 De leur éclat trompeur je ne m'éblouis pas;
Et, si je me résous à recevoir du père
Cette donation qu'il a voulu me faire,
Ce n'est, à dire vrai, que parce que je crains
1244 Que tout ce bien ne tombe en de méchantes mains,
Qu'il ne trouve des gens qui, l'ayant en partage,
En fassent dans le monde un criminel usage,
Et ne s'en servent pas, ainsi que j'ai dessein,
1248 Pour la gloire du Ciel et le bien du prochain.

CLÉANTE

Hé, Monsieur, n'ayez point ces délicates craintes,
Qui d'un juste héritier peuvent causer les plaintes;
Souffrez, sans vous vouloir embarrasser de rien,
1252 Qu'il soit à ses périls possesseur de son bien;
Et songez qu'il vaut mieux encor qu'il en mésuse,
Que si de l'en frustrer il faut qu'on vous accuse.
J'admire seulement que sans confusion
1256 Vous en ayez souffert la proposition;
Car enfin le vrai zèle a-t-il quelque maxime
Qui montre à dépouiller l'héritier légitime?
Et, s'il faut que le Ciel dans votre cœur ait mis
1260 Un invincible obstacle à vivre avec Damis,
Ne vaudrait-il pas mieux qu'en personne discrète
Vous fissiez de céans une honnête retraite,
Que de souffrir ainsi, contre toute raison,

1264 Qu'on en chasse pour vous le fils de la maison?
Croyez-moi, c'est donner, de votre prud'homie,
Monsieur...

TARTUFFE
Il est, Monsieur, trois heures et demie:
Certain devoir pieux me demande là-haut,
1268 Et vous m'excuserez de vous quitter sitôt.

CLÉANTE
Ah!

SCÈNE II

ELMIRE, MARIANE, DORINE, CLÉANTE

DORINE
De grâce, avec nous employez-vous pour elle,
Monsieur: son âme souffre une douleur mortelle;
Et l'accord que son père a conclu pour ce soir
1272 La fait, à tous moments, entrer en désespoir.
Il va venir. Joignons nos efforts, je vous prie,
Et tâchons d'ébranler, de force ou d'industrie,
Ce malheureux dessein qui nous a tous troublés.

SCÈNE III

ORGON, ELMIRE, MARIANE, CLÉANTE, DORINE

ORGON
1276 Ha! je me réjouis de vous voir assemblés:
(*A Mariane.*)
Je porte en ce contrat de quoi vous faire rire,
Et vous savez déjà ce que cela veut dire.

MARIANE, *à genoux.*
Mon père, au nom du Ciel, qui connaît ma douleur,
1280 Et par tout ce qui peut émouvoir votre cœur,
Relâchez-vous un peu des droits de la naissance,
Et dispensez mes vœux de cette obéissance;
Ne me réduisez point, par cette dure loi,
1284 Jusqu'à me plaindre au Ciel de ce que je vous doi,
Et cette vie, hélas! que vous m'avez donnée,
Ne me la rendez pas, mon père, infortunée.
Si, contre un doux espoir que j'avais pu former,
1288 Vous me défendez d'être à ce que j'ose aimer,

Au moins, par vos bontés, qu'à vos genoux j'implore,
Sauvez-moi du tourment d'être à ce que j'abhorre,
Et ne me portez point à quelque désespoir,
1292 En vous servant sur moi de tout votre pouvoir.

ORGON, *se sentant attendrir.*

Allons, ferme, mon cœur! point de faiblesse humaine.

MARIANE

Vos tendresses pour lui ne me font point de peine:
Faites-les éclater, donnez-lui votre bien,
1296 Et, si ce n'est assez, joignez-y tout le mien:
J'y consens de bon cœur, et je vous l'abandonne;
Mais au moins n'allez pas jusques à ma personne,
Et souffrez qu'un couvent, dans les austérités
1300 Use les tristes jours que le Ciel m'a comptés.

ORGON

Ah! voilà justement de mes religieuses,
Lorsqu'un père combat leurs flammes amoureuses!
Debout! Plus votre cœur répugne à l'accepter,
1304 Plus ce sera pour vous matière à mériter:
Mortifiez vos sens avec ce mariage,
Et ne me rompez pas la tête davantage.

DORINE

Mais quoi?...

ORGON

Taisez-vous, vous. Parlez à votre écot:
1308 Je vous défends tout net d'oser dire un seul mot.

CLÉANTE

Si par quelque conseil vous souffrez qu'on réponde...

ORGON

Mon frère, vos conseils sont les meilleurs du monde,
Ils sont bien raisonnés, et j'en fais un grand cas;
1312 Mais vous trouverez bon que je n'en use pas.

ELMIRE, *à son mari.*

A voir ce que je vois, je ne sais plus que dire,
Et votre aveuglement fait que je vous admire:
C'est être bien coiffé, bien prévenu de lui,
1316 Que de nous démentir sur le fait d'aujourd'hui.

ORGON

Je suis votre valet, et crois les apparences:
Pour mon fripon de fils je sais vos complaisances,

Et vous avez eu peur de le désavouer
1320 Du trait qu'à ce pauvre homme il a voulu jouer;
Vous étiez trop tranquille enfin pour être crue,
Et vous auriez paru d'autre manière émue.

ELMIRE

Est-ce qu'au simple aveu d'un amoureux transport
1324 Il faut que notre honneur se gendarme si fort?
Et ne peut-on répondre à tout ce qui le touche
Que le feu dans les yeux et l'injure à la bouche?
Pour moi, de tels propos je me ris simplement,
1328 Et l'éclat là-dessus ne me plaît nullement;
J'aime qu'avec douceur nous nous montrions sages,
Et ne suis point du tout pour ces prudes sauvages
Dont l'honneur est armé de griffes et de dents,
1332 Et veut au moindre mot dévisager les gens.
Me préserve le Ciel d'une telle sagesse!
Je veux une vertu qui ne soit point diablesse,
Et crois que d'un refus la discrète froideur
1336 N'en est pas moins puissant à rebuter un cœur.

ORGON

Enfin je sais l'affaire et ne prends point le change.

ELMIRE

J'admire encore un coup cette faiblesse étrange.
Mais que me répondrait votre incrédulité,
1340 Si je vous faisais voir qu'on vous dit vérité?

ORGON

Voir?

ELMIRE

Oui.

ORGON

Chansons.

ELMIRE

                    Mais quoi? si je trouvais manière
De vous le faire voir avec pleine lumière?...

ORGON

Contes en l'air.

ELMIRE

                    Quel homme! Au moins répondez-moi.
1344 Je ne vous parle pas de nous ajouter foi;
Mais supposons ici que, d'un lieu qu'on peut prendre,

On vous fît clairement tout voir et tout entendre,
Que diriez-vous alors de votre homme de bien?

ORGON

1348   En ce cas, je dirais que... Je ne dirais rien,
Car cela ne se peut.

ELMIRE

           L'erreur trop longtemps dure,
Et c'est trop condamner ma bouche d'imposture.
Il faut que, par plaisir, et sans aller plus loin,
1352   De tout ce qu'on vous dit je vous fasse témoin.

ORGON

Soit: je vous prends au mot. Nous verrons votre adresse,
Et comment vous pourrez remplir cette promesse.

ELMIRE

Faites-le-moi venir.

DORINE

           Son esprit est rusé,
1356   Et peut-être à surprendre il sera malaisé.

ELMIRE

Non: on est aisément dupé par ce qu'on aime,
Et l'amour-propre engage à se tromper soi-même.
Faites-le-moi descendre.

        (*Parlant à Cléante et à Mariane.*)
           Et vous, retirez-vous.

SCÈNE IV

ELMIRE, ORGON

ELMIRE

1360   Approchons cette table, et vous mettez dessous.

ORGON

Comment?

ELMIRE

        Vous bien cacher est un point nécessaire.

ORGON

Pourquoi sous cette table?

ELMIRE

           Ah! mon Dieu! laissez faire:
J'ai mon dessein en tête, et vous en jugerez.

1364 Mettez-vous là, vous dis-je, et, quand vous y serez,
Gardez qu'on ne vous voie et qu'on ne vous entende.

ORGON

Je confesse qu'ici ma complaisance est grande;
Mais de votre entreprise il vous faut voir sortir.

ELMIRE

1368 Vous n'aurez, que je crois, rien à me repartir.
(*A son mari, qui est sous la table.*)
Au moins, je vais toucher une étrange matière:
Ne vous scandalisez en aucune manière.
Quoi que je puisse dire, il doit m'être permis,
1372 Et c'est pour vous convaincre, ainsi que j'ai promis.
Je vais par des douceurs, puisque j'y suis réduite,
Faire poser le masque à cette âme hypocrite,
Flatter de son amour les désirs effrontés,
1376 Et donner un champ libre à ses témérités.
Comme c'est pour vous seul, et pour mieux le confondre,
Que mon âme à ses vœux va feindre de répondre,
J'aurai lieu de cesser dès que vous vous rendrez,
1380 Et les choses n'iront que jusqu'où vous voudrez.
C'est à vous d'arrêter son ardeur insensée,
Quand vous croirez l'affaire assez avant poussée,
D'épargner votre femme, et de ne m'exposer
1384 Qu'à ce qu'il vous faudra pour vous désabuser:
Ce sont vos intérêts, vous en serez le maître,
Et... L'on vient. Tenez-vous, et gardez de paraître.

SCÈNE V

TARTUFFE, ELMIRE, ORGON, *caché sous la table.*

TARTUFFE

On m'a dit qu'en ce lieu vous me vouliez parler.

ELMIRE

1388 Oui. L'on a des secrets à vous y révéler.
Mais tirez cette porte avant qu'on vous les dise,
Et regardez partout de crainte de surprise.
Une affaire pareille à celle de tantôt
1392 N'est pas assurément ici ce qu'il nous faut.
Jamais il ne s'est vu de surprise de même;
Damis m'a fait pour vous une frayeur extrême,

Et vous avez bien vu que j'ai fait mes efforts
1396 Pour rompre son dessein et calmer ses transports.
Mon trouble, il est bien vrai, m'a si fort possédée,
Que de le démentir je n'ai point eu l'idée;
Mais, par là, grâce au Ciel, tout a bien mieux été,
1400 Et les choses en sont dans plus de sûreté.
L'estime où l'on vous tient a dissipé l'orage,
Et mon mari de vous ne peut prendre d'ombrage.
Pour mieux braver l'éclat des mauvais jugements,
1404 Il veut que nous soyons ensemble à tous moments,
Et c'est par où je puis, sans peur d'être blâmée,
Me trouver ici seule avec vous enfermée,
Et ce qui m'autorise à vous ouvrir un cœur
1408 Un peu trop prompt peut-être à souffrir votre ardeur.

TARTUFFE
Ce langage à comprendre est assez difficile,
Madame, et vous parliez tantôt d'un autre style.

ELMIRE
Ah! si d'un tel refus vous êtes en courroux,
1412 Que le cœur d'une femme est mal connu de vous!
Et que vous savez peu ce qu'il veut faire entendre
Lorsque si faiblement on le voit se défendre!
Toujours notre pudeur combat dans ces moments
1416 Ce qu'on peut nous donner de tendres sentiments.
Quelque raison qu'on trouve à l'amour qui nous dompte,
On trouve à l'avouer toujours un peu de honte;
On s'en défend d'abord; mais, de l'air qu'on s'y prend,
1420 On fait connaître assez que notre cœur se rend,
Qu'à nos vœux par honneur notre bouche s'oppose,
Et que de tels refus promettent toute chose.
C'est vous faire, sans doute, un assez libre aveu,
1424 Et sur notre pudeur me ménager bien peu;
Mais puisque la parole enfin en est lâchée,
A retenir Damis me serais-je attachée,
Aurais-je, je vous prie, avec tant de douceur
1428 Écouté tout au long l'offre de votre cœur,
Aurais-je pris la chose ainsi qu'on m'a vu faire,
Si l'offre de ce cœur n'eût eu de quoi me plaire?
Et lorsque j'ai voulu moi-même vous forcer
1432 A refuser l'hymen qu'on venait d'annoncer,
Qu'est-ce que cette instance a dû vous faire entendre,

Que l'intérêt qu'en vous on s'avise de prendre,
Et l'ennui qu'on aurait que ce nœud qu'on résout
1436 Vînt partager du moins un cœur que l'on veut tout?

TARTUFFE

C'est sans doute, madame, une douceur extrême
Que d'entendre ces mots d'une bouche qu'on aime:
Leur miel dans tous mes sens fait couler à longs traits
1440 Une suavité qu'on ne goûta jamais.
Le bonheur de vous plaire est ma suprême étude,
Et mon cœur de vos vœux fait sa béatitude;
Mais ce cœur vous demande ici la liberté
1444 D'oser douter un peu de sa félicité.
Je puis croire ces mots un artifice honnête
Pour m'obliger à rompre un hymen qui s'apprête;
Et, s'il faut librement m'expliquer avec vous,
1448 Je ne me fierai point à des propos si doux,
Qu'un peu de vos faveurs, après quoi je soupire,
Ne vienne m'assurer tout ce qu'ils m'ont pu dire,
Et planter dans mon âme une constante foi
1452 Des charmantes bontés que vous avez pour moi.

ELMIRE. *Elle tousse pour avertir son mari.*
Quoi? vous voulez aller avec cette vitesse,
Et d'un cœur tout d'abord épuiser la tendresse?
On se tue à vous faire un aveu des plus doux;
1456 Cependant ce n'est pas encore assez pour vous,
Et l'on ne peut aller jusqu'à vous satisfaire
Qu'aux dernières faveurs on ne pousse l'affaire?

TARTUFFE

Moins on mérite un bien, moins on l'ose espérer.
1460 Nos vœux sur des discours ont peine à s'assurer.
On soupçonne aisément un sort tout plein de gloire,
Et l'on veut en jouir avant que de le croire.
Pour moi, qui crois si peu mériter vos bontés,
1464 Je doute du bonheur de mes témérités;
Et je ne croirai rien, que vous n'ayez, Madame,
Par des réalités su convaincre ma flamme.

ELMIRE

Mon Dieu, que votre amour en vrai tyran agit,
1468 Et qu'en un trouble étrange il me jette l'esprit!
Que sur les cœurs il prend un furieux empire,
Et qu'avec violence il veut ce qu'il désire!

Quoi? de votre poursuite on ne peut se parer,
1472 Et vous ne donnez pas le temps de respirer?
Sied-il bien de tenir une rigueur si grande,
De vouloir sans quartier les choses qu'on demande,
Et d'abuser ainsi, par vos efforts pressants,
1476 Du faible que pour vous vous voyez qu'ont les gens?

TARTUFFE
Mais, si d'un œil bénin vous voyez mes hommages,
Pourquoi m'en refuser d'assurés témoignages?

ELMIRE
Mais comment consentir à ce que vous voulez
1480 Sans offenser le Ciel, dont toujours vous parlez?

TARTUFFE
Si ce n'est que le Ciel qu'à mes vœux on oppose,
Lever un tel obstacle est à moi peu de chose,
Et cela ne doit pas retenir votre cœur.

ELMIRE
1484 Mais des arrêts du Ciel on nous fait tant de peur!

TARTUFFE
Je puis vous dissiper ces craintes ridicules,
Madame, et je sais l'art de lever les scrupules.
Le Ciel défend, de vrai, certains contentements;
(*C'est un scélérat qui parle.*)
1488 Mais on trouve avec lui des accommodements.
Selon divers besoins, il est une science
D'étendre les liens de notre conscience,
Et de rectifier le mal de l'action
1492 Avec la pureté de notre intention.
De ces secrets, Madame, on saura vous instruire;
Vous n'avez seulement qu'à vous laisser conduire.
Contentez mon désir, et n'ayez point d'effroi:
1496 Je vous réponds de tout, et prends le mal sur moi.
Vous toussez fort, Madame.

ELMIRE
Oui, je suis au supplice.

TARTUFFE
Vous plaît-il un morceau de ce jus de réglisse?

ELMIRE
C'est un rhume obstiné, sans doute; et je vois bien
1500 Que tous les jus du monde ici ne feront rien.

TARTUFFE

Cela certe est fâcheux.

ELMIRE

Oui, plus qu'on ne peut dire.

TARTUFFE

Enfin votre scrupule est facile à détruire:
Vous êtes assurée ici d'un plein secret,
1504 Et le mal n'est jamais que dans l'éclat qu'on fait;
Le scandale du monde est ce qui fait l'offense,
Et ce n'est pas pécher que pécher en silence.

ELMIRE, *après avoir encore toussé.*

Enfin je vois qu'il faut se résoudre à céder,
1508 Qu'il faut que je consente à vous tout accorder,
Et qu'à moins de cela je ne dois point prétendre
Qu'on puisse être content, et qu'on veuille se rendre.
Sans doute, il est fâcheux d'en venir jusque-là,
1512 Et c'est bien malgré moi que je franchis cela;
Mais puisque l'on s'obstine à m'y vouloir réduire,
Puisqu'on ne veut point croire à tout ce qu'on peut dire,
Et qu'on veut des témoins qui soient plus convaincants,
1516 Il faut bien s'y résoudre, et contenter les gens.
Si ce consentement porte en soi quelque offense,
Tant pis pour qui me force à cette violence;
La faute assurément n'en doit pas être à moi.

TARTUFFE

1520 Oui, Madame, on s'en charge, et la chose de soi...

ELMIRE

Ouvrez un peu la porte, et voyez, je vous prie,
Si mon mari n'est point dans cette galerie.

TARTUFFE

Qu'est-il besoin pour lui du soin que vous prenez?
1524 C'est un homme, entre nous, à mener par le nez.
De tous nos entretiens il est pour faire gloire,
Et je l'ai mis au point de voir tout sans rien croire.

ELMIRE

Il n'importe: sortez, je vous prie, un moment,
1528 Et partout là dehors voyez exactement.

SCÈNE VI

ORGON, ELMIRE

ORGON, *sortant de dessous la table.*
Voilà, je vous l'avoue, un abominable homme!
Je n'en puis revenir, et tout ceci m'assomme.

ELMIRE
Quoi? vous sortez si tôt? Vous vous moquez des gens.
1532 Rentrez sous le tapis, il n'est pas encor temps;
Attendez jusqu'au bout pour voir les choses sûres,
Et ne vous fiez point aux simples conjectures.

ORGON
Non, rien de plus méchant n'est sorti de l'enfer.

ELMIRE
1536 Mon Dieu! l'on ne doit point croire trop de léger.
Laissez-vous bien convaincre avant que de vous rendre,
Et ne vous hâtez point de peur de vous méprendre.
(*Elle fait mettre son mari derrière elle.*)

SCÈNE VII

TARTUFFE, ELMIRE, ORGON

TARTUFFE
Tout conspire, Madame, à mon contentement:
1540 J'ai visité de l'œil tout cet appartement;
Personne ne s'y trouve, et mon âme ravie...

ORGON, *en l'arrêtant.*
Tout doux! vous suivez trop votre amoureuse envie,
Et vous ne devez pas vous tant passionner.
1544 Ah! ah! l'homme de bien, vous m'en voulez donner!
Comme aux tentations s'abandonne votre âme!
Vous épousiez ma fille, et convoitiez ma femme!
J'ai douté fort longtemps que ce fût tout de bon,
1548 Et je croyais toujours qu'on changerait de ton;
Mais c'est assez avant pousser le témoignage:
Je m'y tiens, et n'en veux, pour moi, pas davantage.

ELMIRE, *à Tartuffe.*
C'est contre mon humeur que j'ai fait tout ceci;
1552 Mais on m'a mise au point de vous traiter ainsi.

TARTUFFE

Quoi? vous croyez?...

ORGON

Allons, point de bruit, je vous prie.
Dénichons de céans, et sans cérémonie.

TARTUFFE

Mon dessein...

ORGON

Ces discours ne sont plus de saison;
1556 Il faut, tout sur-le-champ, sortir de la maison.

TARTUFFE

C'est à vous d'en sortir, vous qui parlez en maître:
La maison m'appartient, je le ferai connaître,
Et vous montrerai bien qu'en vain on a recours,
1560 Pour me chercher querelle, à ces lâches détours,
Qu'on n'est pas où l'on pense en me faisant injure,
Que j'ai de quoi confondre et punir l'imposture,
Venger le Ciel qu'on blesse, et faire repentir
1564 Ceux qui parlent ici de me faire sortir.

SCÈNE VIII

ELMIRE, ORGON

ELMIRE

Quel est donc ce langage? et qu'est-ce qu'il veut dire?

ORGON

Ma foi, je suis confus et n'ai pas lieu de rire.

ELMIRE

Comment?

ORGON

Je vois ma faute aux choses qu'il me dit,
1568 Et la donation m'embarrasse l'esprit.

ELMIRE

La donation?...

ORGON

Oui, c'est une affaire faite.
Mais j'ai quelque autre chose encor qui m'inquiète.

ELMIRE

Et quoi?

ORGON

Vous saurez tout. Mais voyons au plus tôt
1572 Si certaine cassette est encore là-haut.

ACTE V

SCÈNE PREMIÈRE

ORGON, CLÉANTE

CLÉANTE

Où voulez-vous courir?

ORGON

Las! que sais-je?

CLÉANTE

Il me semble
Que l'on doit commencer par consulter ensemble
Les choses qu'on peut faire en cet événement.

ORGON

1576 Cette cassette-là me trouble entièrement;
Plus que le reste encore elle me désespère.

CLÉANTE

Cette cassette est donc un important mystère?

ORGON

C'est un dépôt qu'Argas, cet ami que je plains,
1580 Lui-même, en grand secret, m'a mis entre les mains:
Pour cela, dans sa fuite, il me voulut élire;
Et ce sont des papiers, à ce qu'il m'a pu dire,
Où sa vie et ses biens se trouvent attachés.

CLÉANTE

1584 Pourquoi donc les avoir en d'autres mains lâchés?

ORGON

Ce fut par un motif de cas de conscience:
J'allai droit à mon traître en faire confidence;
Et son raisonnement me vint persuader
1588 De lui donner plutôt la cassette à garder,
Afin que, pour nier, en cas de quelque enquête,
J'eusse d'un faux-fuyant la faveur toute prête,
Par où ma conscience eût pleine sûreté
1592 A faire des serments contre la vérité.

CLÉANTE

Vous voilà mal, au moins si j'en crois l'apparence;
Et la donation et cette confidence,
Sont, à vous en parler selon mon sentiment,
1596 Des démarches par vous faites légèrement.
On peut vous mener loin avec de pareils gages;
Et cet homme sur vous ayant ces avantages,
Le pousser est encor grande imprudence à vous,
1600 Et vous deviez chercher quelque biais plus doux.

ORGON

Quoi? sous un beau semblant de ferveur si touchante
Cacher un cœur si double, une âme si méchante!
Et moi qui l'ai reçu gueusant et n'ayant rien...
1604 C'en est fait, je renonce à tous les gens de bien:
J'en aurai désormais une horreur effroyable
Et m'en vais devenir pour eux pire qu'un diable.

CLÉANTE

Hé bien! ne voilà pas de vos emportements!
1608 Vous ne gardez en rien les doux tempéraments;
Dans la droite raison jamais n'entre la vôtre,
Et toujours d'un excès vous vous jetez dans l'autre.
Vous voyez votre erreur, et vous avez connu
1612 Que par un zèle feint vous étiez prévenu;
Mais, pour vous corriger, quelle raison demande
Que vous alliez passer dans une erreur plus grande,
Et qu'avecque le cœur d'un perfide vaurien
1616 Vous confondiez les cœurs de tous les gens de bien?
Quoi? parce qu'un fripon vous dupe avec audace
Sous le pompeux éclat d'une austère grimace,
Vous voulez que partout on soit fait comme lui,
1620 Et qu'aucun vrai dévot ne se trouve aujourd'hui?
Laissez aux libertins ces sottes conséquences;
Démêlez la vertu d'avec ses apparences,
Ne hasardez jamais votre estime trop tôt,
1624 Et soyez pour cela dans le milieu qu'il faut:
Gardez-vous, s'il se peut, d'honorer l'imposture;
Mais au vrai zèle aussi n'allez pas faire injure;
Et, s'il vous faut tomber dans une extrémité,
1628 Péchez plutôt encor de cet autre côté.

SCÈNE II

DAMIS, ORGON, CLÉANTE

DAMIS

Quoi? mon père, est-il vrai qu'un coquin vous menace?
Qu'il n'est point de bienfait qu'en son âme il n'efface,
Et que son lâche orgueil, trop digne de courroux,
1632 Se fait de vos bontés des armes contre vous?

ORGON

Oui, mon fils, et j'en sens des douleurs nonpareilles.

DAMIS

Laissez-moi, je lui veux couper les deux oreilles:
Contre son insolence on ne doit point gauchir;
1636 C'est à moi, tout d'un coup, de vous en affranchir,
Et, pour sortir d'affaire, il faut que je l'assomme.

CLÉANTE

Voilà tout justement parler en vrai jeune homme.
Modérez, s'il vous plaît, ces transports éclatants:
1640 Nous vivons sous un règne et sommes dans un temps
Où par la violence on fait mal ses affaires.

SCÈNE III

MADAME PERNELLE, MARIANE, ELMIRE, DORINE, DAMIS, ORGON, CLÉANTE

MADAME PERNELLE

Qu'est-ce? J'apprends ici de terribles mystères.

ORGON

Ce sont des nouveautés dont mes yeux sont témoins,
1644 Et vous voyez le prix dont sont payés mes soins.
Je recueille avec zèle un homme en sa misère,
Je le loge, et le tiens comme mon propre frère;
De bienfaits chaque jour il est par moi chargé;
1648 Je lui donne ma fille et tout le bien que j'ai;
Et, dans le même temps, le perfide, l'infâme,
Tente le noir dessein de suborner ma femme,
Et non content encor de ces lâches essais,
1652 Il m'ose menacer de mes propres bienfaits,
Et veut, à ma ruine, user des avantages
Dont le viennent d'armer mes bontés trop peu sages,

Me chasser de mes biens, où je l'ai transféré,
1656 Et me réduire au point d'où je l'ai retiré.

DORINE

Le pauvre homme!

MADAME PERNELLE
        Mon fils, je ne puis du tout croire
Qu'il ait voulu commettre une action si noire.

ORGON

Comment?

MADAME PERNELLE
        Les gens de bien sont enviés toujours.

ORGON

1660 Que voulez-vous donc dire avec votre discours,
Ma mère?

MADAME PERNELLE
        Que chez vous on vit d'étrange sorte,
Et qu'on ne sait que trop la haine qu'on lui porte.

ORGON

Qu'a cette haine à faire avec ce qu'on vous dit?

MADAME PERNELLE

1664 Je vous l'ai dit cent fois quand vous étiez petit:
La vertu dans le monde est toujours poursuivie;
Les envieux mourront, mais non jamais l'envie.

ORGON

Mais que fait ce discours aux choses d'aujourd'hui?

MADAME PERNELLE

1668 On vous aura forgé cent sots contes de lui.

ORGON

Je vous ai dit déjà que j'ai vu tout moi-même.

MADAME PERNELLE

Des esprits médisants la malice est extrême.

ORGON

Vous me feriez damner, ma mère. Je vous di
1672 Que j'ai vu de mes yeux un crime si hardi.

MADAME PERNELLE

Les langues ont toujours du venin à répandre,
Et rien n'est ici-bas qui s'en puisse défendre.

76   LE TARTUFFE

ORGON

C'est tenir un propos de sens bien dépourvu.
1676 Je l'ai vu, dis-je, vu, de mes propres yeux vu,
Ce qu'on appelle vu: faut-il vous le rebattre
Aux oreilles cent fois, et crier comme quatre?

MADAME PERNELLE

Mon Dieu, le plus souvent l'apparence déçoit:
1680 Il ne faut pas toujours juger sur ce qu'on voit.

ORGON

J'enrage.

MADAME PERNELLE

        Aux faux soupçons la nature est sujette,
Et c'est souvent à mal que le bien s'interprète.

ORGON

Je dois interpréter à charitable soin
1684 Le désir d'embrasser ma femme?

MADAME PERNELLE

                        Il est besoin,
Pour accuser les gens, d'avoir de justes causes,
Et vous deviez attendre à vous voir sûr des choses.

ORGON

Hé! diantre! le moyen de m'en assurer mieux?
1688 Je devais donc, ma mère, attendre qu'à mes yeux
Il eût... Vous me feriez dire quelque sottise.

MADAME PERNELLE

Enfin d'un trop pur zèle on voit son âme éprise;
Et je ne puis du tout me mettre dans l'esprit
1692 Qu'il ait voulu tenter les choses que l'on dit.

ORGON

Allez, je ne sais pas, si vous n'étiez ma mère,
Ce que je vous dirais, tant je suis en colère.

DORINE

Juste retour, Monsieur, des choses d'ici-bas:
1696 Vous ne vouliez point croire, et l'on ne vous croit pas.

CLÉANTE

Nous perdons des moments en bagatelles pures
Qu'il faudrait employer à prendre des mesures.
Aux menaces du fourbe on doit ne dormir point.

DAMIS

1700 Quoi? son effronterie irait jusqu'à ce point?

ELMIRE

Pour moi, je ne crois pas cette instance possible,
Et son ingratitude est ici trop visible.

CLÉANTE

Ne vous y fiez pas; il aura des ressorts
1704 Pour donner contre vous raison à ses efforts;
Et sur moins que cela le poids d'une cabale
Embarrasse les gens dans un fâcheux dédale.
Je vous le dis encore: armé de ce qu'il a,
1708 Vous ne deviez jamais le pousser jusque-là.

ORGON

Il est vrai; mais qu'y faire? A l'orgueil de ce traître,
De mes ressentiments je n'ai pas été maître.

CLÉANTE

Je voudrais de bon cœur qu'on pût entre vous deux
1712 De quelque ombre de paix raccommoder les nœuds.

ELMIRE

Si j'avais su qu'en main il a de telles armes,
Je n'aurais pas donné matière à tant d'alarmes,
Et mes...

ORGON

Que veut cet homme? Allez tôt le savoir.
1716 Je suis bien en état que l'on me vienne voir!

SCÈNE IV

MONSIEUR LOYAL, MADAME PERNELLE, ORGON,
DAMIS, MARIANE, DORINE, ELMIRE, CLÉANTE

MONSIEUR LOYAL

Bonjour, ma chère sœur, faites, je vous supplie,
Que je parle à Monsieur.

DORINE

Il est en compagnie,
Et je doute qu'il puisse à présent voir quelqu'un.

MONSIEUR LOYAL

1720 Je ne suis pas pour être en ces lieux importun.
Mon abord n'aura rien, je crois, qui lui déplaise;
Et je viens pour un fait dont il sera bien aise.

DORINE

Votre nom?

MONSIEUR LOYAL
Dites-lui seulement que je vien
1724 De la part de Monsieur Tartuffe, pour son bien.

DORINE, *à Orgon.*
C'est un homme qui vient, avec douce manière,
De la part de Monsieur Tartuffe, pour affaire
Dont vous serez, dit-il, bien aise.

CLÉANTE
Il vous faut voir
1728 Ce que c'est que cet homme et ce qu'il peut vouloir.

ORGON
Pour nous raccommoder il vient ici peut-être:
Quels sentiments aurai-je à lui faire paraître?

CLÉANTE
Votre ressentiment ne doit point éclater;
1732 Et, s'il parle d'accord, il le faut écouter.

MONSIEUR LOYAL
Salut, Monsieur. Le ciel perde qui vous veut nuire,
Et vous soit favorable autant que je désire!

ORGON
Ce doux début s'accorde avec mon jugement,
1736 Et présage déjà quelque accommodement.

MONSIEUR LOYAL
Toute votre maison m'a toujours été chère,
Et j'étais serviteur de Monsieur votre père.

ORGON
Monsieur, j'ai grande honte et demande pardon
1740 D'être sans vous connaître ou savoir votre nom.

MONSIEUR LOYAL
Je m'appelle Loyal, natif de Normandie,
Et suis huissier à verge, en dépit de l'envie.
J'ai depuis quarante ans, grâce au Ciel, le bonheur
1744 D'en exercer la charge avec beaucoup d'honneur;
Et je vous viens, Monsieur, avec votre licence,
Signifier l'exploit de certaine ordonnance....

ORGON
Quoi? vous êtes ici...?

MONSIEUR LOYAL
Monsieur, sans passion:
1748 Ce n'est rien seulement qu'une sommation,

Un ordre de vider d'ici, vous et les vôtres,
Mettre vos meubles hors, et faire place à d'autres,
Sans délai ni remise, ainsi que besoin est....

ORGON

1752   Moil sortir de céans?

MONSIEUR LOYAL
                    Oui, Monsieur, s'il vous plaît.
La maison à présent, comme savez de reste,
Au bon Monsieur Tartuffe appartient sans conteste.
De vos biens désormais il est maître et seigneur,
1756   En vertu d'un contrat duquel je suis porteur:
Il est en bonne forme, et l'on n'y peut rien dire.

DAMIS

Certes cette impudence est grande, et je l'admire.

MONSIEUR LOYAL

Monsieur, je ne dois point avoir affaire à vous;
1760   C'est à Monsieur: il est et raisonnable et doux,
Et d'un homme de bien il sait trop bien l'office,
Pour se vouloir du tout opposer à justice.

ORGON

Mais...

MONSIEUR LOYAL
            Oui, Monsieur, je sais que pour un million
1764   Vous ne voudriez pas faire rébellion,
Et que vous souffrirez, en honnête personne,
Que j'exécute ici les ordres qu'on me donne.

DAMIS

Vous pourriez bien ici sur votre noir jupon,
1768   Monsieur l'huissier à verge, attirer le bâton.

MONSIEUR LOYAL

Faites que votre fils se taise ou se retire,
Monsieur. J'aurais regret d'être obligé d'écrire,
Et de vous voir couché dans mon procès-verbal.

DORINE

1772   Ce Monsieur Loyal porte un air bien déloyal!

MONSIEUR LOYAL

Pour tous les gens de bien j'ai de grandes tendresses,
Et ne me suis voulu, Monsieur, charger des pièces
Que pour vous obliger et vous faire plaisir,

1776 Que pour ôter par là le moyen d'en choisir
Qui, n'ayant pas pour vous le zèle qui me pousse,
Auraient pu procéder d'une façon moins douce.

ORGON

Et que peut-on de pis que d'ordonner aux gens
1780 De sortir de chez eux?

MONSIEUR LOYAL

On vous donne du temps,
Et jusques à demain je ferai surséance
A l'exécution, Monsieur, de l'ordonnance.
Je viendrai seulement passer ici la nuit,
1784 Avec dix de mes gens, sans scandale et sans bruit.
Pour la forme, il faudra, s'il vous plaît, qu'on m'apporte,
Avant que se coucher, les clefs de votre porte.
J'aurai soin de ne pas troubler votre repos,
1788 Et de ne rien souffrir qui ne soit à propos.
Mais demain, du matin, il vous faut être habile
A vider de céans jusqu'au moindre ustensile:
Mes gens vous aideront, et je les ai pris forts,
1792 Pour vous faire service à tout mettre dehors.
On n'en peut pas user mieux que je fais, je pense;
Et, comme je vous traite avec grande indulgence,
Je vous conjure aussi, Monsieur, d'en user bien,
1796 Et qu'au dû de ma charge on ne me trouble en rien.

ORGON

Du meilleur de mon cœur je donnerais sur l'heure
Les cent plus beaux louis de ce qui me demeure,
Et pouvoir, à plaisir, sur ce mufle asséner
1800 Le plus grand coup de poing qui se puisse donner.

CLÉANTE

Laissez, ne gâtons rien.

DAMIS

A cette audace étrange,
J'ai peine à me tenir, et la main me démange.

DORINE

Avec un si bon dos, ma foi, Monsieur Loyal,
1804 Quelques coups de bâton ne vous siéraient pas mal.

MONSIEUR LOYAL

On pourrait bien punir ces paroles infâmes,
Mamie, et l'on décrète aussi contre les femmes.

CLÉANTE

Finissons tout cela, Monsieur: c'en est assez;
1808 Donnez tôt ce papier, de grâce, et nous laissez.

MONSIEUR LOYAL

Jusqu'au revoir. Le Ciel vous tienne tous en joie!

ORGON

Puisse-t-il te confondre, et celui qui t'envoie!

SCÈNE V

ORGAN, CLÉANTE, MARIANE, ELMIRE, MADAME PERNELLE,
DORINE, DAMIS

ORGON

Hé bien, vous le voyez, ma mère, si j'ai droit,
1812 Et vous pouvez juger du reste par l'exploit:
Ses trahisons enfin vous sont-elles connues?

MADAME PERNELLE

Je suis toute ébaubie, et je tombe des nues!

DORINE

Vous vous plaignez à tort, à tort vous le blâmez,
1816 Et ses pieux desseins par là sont confirmés:
Dans l'amour du prochain sa vertu se consomme;
Il sait que très-souvent les biens corrompent l'homme,
Et, par charité pure, il veut vous enlever
1820 Tout ce qui vous peut faire obstacle à vous sauver.

ORGON

Taisez-vous: c'est le mot qu'il vous faut toujours dire.

CLÉANTE

Allons voir quel conseil on doit vous faire élire.

ELMIRE

Allez faire éclater l'audace de l'ingrat.
1824 Ce procédé détruit la vertu du contrat;
Et sa déloyauté va paraître trop noire,
Pour souffrir qu'il en ait le succès qu'on veut croire.

SCÈNE VI

VALÈRE, ORGON, CLÉANTE, ELMIRE, MARIANE, Etc.

VALÈRE

Avec regret, Monsieur, je viens vous affliger;
1828 Mais je m'y vois contraint par le pressant danger.

Un ami, qui m'est joint d'une amitié fort tendre,
Et qui sait l'intérêt qu'en vous j'ai lieu de prendre,
A violé pour moi, par un pas délicat,
1832   Le secret que l'on doit aux affaires d'État,
Et me vient d'envoyer un avis dont la suite
Vous réduit au parti d'une soudaine fuite.
Le fourbe qui longtemps a pu vous imposer
1836   Depuis une heure au Prince a su vous accuser,
Et remettre en ses mains, dans les traits qu'il vous jette,
D'un criminel d'État l'importante cassette,
Dont, au mépris, dit-il, du devoir d'un sujet,
1840   Vous avez conservé le coupable secret.
J'ignore le détail du crime qu'on vous donne;
Mais un ordre est donné contre votre personne,
Et lui-même est chargé, pour mieux l'exécuter,
1844   D'accompagner celui qui vous doit arrêter.

CLÉANTE

Voilà ses droits armés, et c'est par où le traître
De vos biens qu'il prétend cherche à se rendre maître.

ORGON

L'homme est, je vous l'avoue, un méchant animal!

VALÈRE

1848   Le moindre amusement vous peut être fatal.
J'ai, pour vous emmener, mon carrosse à la porte,
Avec mille louis qu'ici je vous apporte.
Ne perdons point de temps: le trait est foudroyant,
1852   Et ce sont de ces coups que l'on pare en fuyant.
A vous mettre en lieu sûr je m'offre pour conduite
Et veux accompagner jusqu'au bout votre fuite.

ORGON

Las! que ne dois-je point à vos soins obligeants!
1856   Pour vous en rendre grâce il faut un autre temps;
Et je demande au Ciel de m'être assez propice,
Pour reconnaître un jour ce généreux service.
Adieu: prenez le soin, vous autres...

CLÉANTE

                                        Allez tôt:
1860   Nous songerons, mon frère, à faire ce qu'il faut.

SCÈNE DERNIÈRE

L'EXEMPT, TARTUFFE, VALÈRE, ORGON, ELMIRE,
MARIANE, Etc.

TARTUFFE

Tout beau, Monsieur, tout beau, ne courez point si vite:
Vous n'irez pas fort loin pour trouver votre gîte,
Et de la part du Prince on vous fait prisonnier.

ORGON

1864 Traître, tu me gardais ce trait pour le dernier;
C'est le coup, scélérat, par où tu m'expédies,
Et voilà couronner toutes tes perfidies.

TARTUFFE

Vos injures n'ont rien à me pouvoir aigrir,
1868 Et je suis pour le Ciel appris à tout souffrir.

CLÉANTE

La modération est grande, je l'avoue!

DAMIS

Comme du Ciel l'infâme impudemment se joue!

TARTUFFE

Tous vos emportements ne sauraient m'émouvoir,
1872 Et je ne songe à rien qu'à faire mon devoir.

MARIANE

Vous avez de ceci grande gloire à prétendre,
Et cet emploi pour vous est fort honnête à prendre.

TARTUFFE

Un emploi ne saurait être que glorieux
1876 Quand il part du pouvoir qui m'envoie en ces lieux.

ORGON

Mais t'es-tu souvenu que ma main charitable,
Ingrat, t'a retiré d'un état misérable?

TARTUFFE

Oui, je sais quels secours j'en ai pu recevoir;
1880 Mais l'intérêt du Prince est mon premier devoir;
De ce devoir sacré la juste violence
Étouffe dans mon cœur toute reconnaissance,
Et je sacrifierais à de si puissants nœuds
1884 Ami, femme, parents, et moi-même avec eux.

ELMIRE

L'imposteur!

DORINE

Comme il sait, de traîtresse manière,
Se faire un beau manteau de tout ce qu'on révère!

CLÉANTE

Mais, s'il est si parfait que vous le déclarez,
1888   Ce zèle qui vous pousse et dont vous vous parez,
D'où vient que pour paraître il s'avise d'attendre
Qu'à poursuivre sa femme il ait su vous surprendre,
Et que vous ne songez à l'aller dénoncer
1892   Que lorsque son honneur l'oblige à vous chasser?
Je ne vous parle point, pour devoir en distraire,
Du don de tout son bien qu'il venait de vous faire;
Mais, le voulant traiter en coupable aujourd'hui,
1896   Pourquoi consentiez-vous à rien prendre de lui?

TARTUFFE, à l'Exempt.

Délivrez-moi, monsieur, de la criaillerie,
Et daignez accomplir votre ordre, je vous prie.

L'EXEMPT

Oui, c'est trop demeurer, sans doute, à l'accomplir:
1900   Votre bouche à propos m'invite à le remplir;
Et, pour l'exécuter, suivez-moi tout à l'heure
Dans la prison qu'on doit vous donner pour demeure.

TARTUFFE

Qui? moi, Monsieur?

L'EXEMPT

Oui, vous.

TARTUFFE

Pourquoi donc la prison?

L'EXEMPT

1904   Ce n'est pas vous à qui j'en veux rendre raison.
Remettez-vous, Monsieur, d'une alarme si chaude.
Nous vivons sous un prince ennemi de la fraude,
Un prince dont les yeux se font jour dans les cœurs,
1908   Et que ne peut tromper tout l'art des imposteurs.
D'un fin discernement sa grande âme pourvue
Sur les choses toujours jette une droite vue;
Chez elle jamais rien ne surprend trop d'accès,

1912 Et sa ferme raison ne tombe en nul excès.
Il donne aux gens de bien une gloire immortelle;
Mais sans aveuglement il fait briller ce zèle,
Et l'amour pour les vrais ne ferme point son cœur
1916 A tout ce que les faux doivent donner d'horreur.
Celui-ci n'était pas pour le pouvoir surprendre,
Et de pièges plus fins on le voit se défendre.
D'abord il a percé, par ses vives clartés,
1920 Des replis de son cœur toutes les lâchetés.
Venant vous accuser, il s'est trahi lui-même,
Et par un juste trait de l'équité suprême,
S'est découvert au Prince un fourbe renommé,
1924 Dont sous un autre nom il était informé;
Et c'est un long détail d'actions toutes noires
Dont on pourrait former des volumes d'histoires.
Ce monarque, en un mot, a vers vous détesté
1928 Sa lâche ingratitude et sa déloyauté;
A ses autres horreurs il a joint cette suite,
Et ne m'a jusqu'ici soumis à sa conduite
Que pour voir l'impudence aller jusques au bout,
1932 Et vous faire par lui faire raison de tout.
Oui, de tous vos papiers, dont il se dit le maître,
Il veut qu'entre vos mains je dépouille le traître.
D'un souverain pouvoir, il brise les liens
1936 Du contrat qui lui fait un don de tous vos biens,
Et vous pardonne enfin cette offense secrète
Où vous a d'un ami fait tomber la retraite;
Et c'est le prix qu'il donne au zèle qu'autrefois
1940 On vous vit témoigner en appuyant ses droits,
Pour montrer que son cœur sait, quand moins on y pense,
D'une bonne action verser la récompense,
Que jamais le mérite avec lui ne perd rien,
1944 Et que mieux que du mal il se souvient du bien.

DORINE

Que le Ciel soit loué!

MADAME PERNELLE

Maintenant je respire.

ELMIRE

Favorable succès!

MARIANE

Qui l'aurait osé dire?

ORGON, *à Tartuffe.*
Hé bien! te voilà, traître...

CLÉANTE
Ah! mon frère, arrêtez,
1948   Et ne descendez point à des indignités;
A son mauvais destin laissez un misérable,
Et ne vous joignez point au remords qui l'accable.
Souhaitez bien plutôt que son cœur, en ce jour
1952   Au sein de la vertu fasse un heureux retour,
Qu'il corrige sa vie en détestant son vice
Et puisse du grand Prince adoucir la justice,
Tandis qu'à sa bonté vous irez à genoux
1956   Rendre ce que demande un traitement si doux.

ORGON
Oui, c'est bien dit. Allons à ses pieds avec joie
Nous louer des bontés que son cœur nous déploie;
Puis, acquittés un peu de ce premier devoir,
1960   Aux justes soins d'un autre il nous faudra pourvoir,
Et par un doux hymen couronner en Valère
La flamme d'un amant généreux et sincère.

FIN

VARIANTS

There were two editions of *Le Tartuffe* during Molière's lifetime: the first on 23 March 1669 (*A*) and the second on 6 June 1669 (*B*). The third edition appeared on 15 May 1673 (*C*), three months after his death. The text of this edition is that of *A* (established from the *GEF* edition) with the addition from *B* of the *placets*. Variants are confined to those from *B* and *C*, and eighteenth-century additions are mentioned only when they throw light on the staging. The following obvious errors in *A*, corrected in *B*, are also corrected in the text.

Errors in *A*, corrected in *B* or later and in this edition:

330 *A* tant de grimaces *B* tant de grimace   915 *A* autre mal *B* aucun mal 919 *AB* merveilleuse (*the rhyme requires* merveilleux)   1218 *A* sont trop tirées des intérêts du Ciel. Pourquoi vous chargez-vous? *B* sont trop tirées. Des intérêts du Ciel pourquoi vous chargez-vous?   1772 *This line is given to Elmire in A, to Dorine in B.*

Errors in *B*, not in *A*:

108 *A* attachement *B* attouchement   1601 *A* sous un beau semblant *BC* sur un beau semblant.

Other variants or additions:

167 la moitié *BC*   193 il faut *C*   441 *Dorine, entrant doucement et se tenant derrière Orgon, sans être vue* (1734)   456 *Apercevant Dorine* (1734)   562 *After* La voilà bien loti! (*Orgon se tourne du côté de Dorine, et, les bras croisés, l'écoute et la regarde en face*) 1734   704 *Dorine, se retirant dans le fond du théâtre* (1734)   852 *Damis va se cacher dans un cabinet qui est au fond du théâtre* (1734)   853 *Tartuffe, parlant haut à son valet, qui est dans la maison, dès qu'il aperçoit Dorine* (1734). *See note at head of Act III, Sc. 2*   904 *Damis, sans se montrer, entr'ouvre la porte du cabinet, dans lequel il s'était retiré, pour entendre la conversation* (1734)   919 *Tartuffe, maniant le fichu d'Elmire* (1734)   1116 *Orgon, se jetant aussi à genoux et embrassant Tartuffe* (1734)   1390 *Tartuffe va fermer la porte et revient* (1734)   1833 *Et me vient envoyer C.*

NOTES

The *placet* is characteristically a petition addressed to a figure of authority requesting a favourable verdict, in this case on a work of art. The *premier placet* dates from late August 1664. (The reference in 37-8 is to Pierre Roullé, curé de Saint-Barthélemy.) The *second placet* dates from 8 August 1667; the *troisième placet* from 5 February 1669. The arguments speak for themselves.

The *Préface* follows on 23 March 1669. It deploys a loosely chiastic* sequence of arguments, surrounding defence with attack, beginning and ending with an exposure of 'hypocrites' in general. In the interim it examines a range of real or potential objections to the play. These are answered by a variety of defensive arguments: (i) by an insistence on the care taken to distinguish between true and false *dévotion*; (ii) by appeals to the religious origins of theatre, to the presence of theatrical manifestations in contemporary Spanish religious festivals, and to previous evidence in France of a more tolerant attitude, concluding with the recent success of religious drama, notably in the form of Corneille's *Polyeucte* (first performed in 1642); (iii) by stressing the purported *castigat ridendo mores** function of comedy; and (iv) by pleading with the *dévots*, not without irony, for a place to be left for innocent enjoyment in the time left between pious practices. Overall the piece is diffusely argued and over-defensive. It moves from one general position to the next, overusing concession, attacking unspecified 'hypocrites', and putting forward a disingenuously corrective view of comedy, yet without ever examining (for obvious reasons) the basic objection mentioned as early as the first paragraph, that the work as a whole is 'une pièce qui offense la piété'.

I, i

1-5 The play begins with an outburst of energy, denoted by the implicit stage direction of 2 and the reiterated imperatives, reinforced by the isocolon* of 1 and 3. For Albanese, 'dès l'entrée en scène tumultueuse de Madame Pernelle, on est en présence d'un personnage qui cristallise les traits saillants du clan dévot' (99-100). The *entrée en jeu* concludes on a fragile reconciliation.

7-40 A virtual monologue by Madame Pernelle, interrupted at regular intervals and increasing length by the other characters in a farcical sequence. These lines also serve, in their function as formal exposition, to present the *dramatis personae*.

11-28 The indignation of Madame Pernelle is reinforced by comic rhyme (11-12); by polyptoton* (14); by *sententia** (23); and by elevated register (28).

41 The critical protagonist is introduced. The play on 'bien heureux' ('truly happy') and 'bienheureux' ('blessed') is telling. The name is derived from the Italian 'tartufo' (lit. 'truffle'), giving the spelling 'Tartufe' in some editions. Despite various attempts to analyse it (Guichamaud *inter alia* points to its potential significance [19]), the readiness of Molière to change it to Panulphe in the second version seems to suggest that it has little resonance *per se*. However, as Furetière writes in the *Dictionnaire universel* of 1690, 'Molière a enrichi la langue de ce mot par une excellente comédie à qui il a donné ce nom', and the archetypal nature of the hero is underscored by the use of the article in the first printed edition.

44 The motif of 'folie' is introduced. The fact that the majority of characters is described at some point in the play as 'fou' may call to mind Boileau's couplet (*Satire IV*): 'Tous les hommes sont fous, et, malgré tous leurs soins,/Ne diffèrent entre eux que du plus ou du moins' (cf. 44, 311, 475, 771, 773, 781). It remains, however, that in the greater part of the play a distinction is persistently made between clear-sighted characters (Cléante, Dorine, Elmire, Damis and, in a different sense, Tartuffe himself) and blinkered ones (Madame Pernelle, Orgon).

45ff. The debate on Tartuffe begins with Damis, Dorine and Madame Pernelle before progressing to Cléante and Orgon and, ultimately, to Elmire and Tartuffe himself. The family is at the centre of this scene, with Orgon the absent head, and Tartuffe the dominant object of debate. Bray comments: 'On ne saurait mieux préluder à la comédie que dans ce ton de vigueur et avec cet élan' (213).

46 The term 'céans' [herein] occurs with great frequency, especially early in the play (cf. 62, 80, 120, 147, 230) and again in the fifth act. Terms of power and control (46; 51-2) also emerge, and the setting of the bourgeois interior (a microcosm for Vitez of the patriarchal state) is thereby established (see introduction p. xxvi).

63 The first Biblical reference (cf. Matthew 10, 9-10; Luke 10, 4).

70, 74 Two emphatic end-stopped alexandrines establish antithetical views of the protagonist.

71-3 A naturalistic conversational parenthesis* introduces a non-speaking character.

77-8 Note the phonetic evolution of the alliteration* in the couplets, from the dominant [k] to the dominant [s].

78 'Le Ciel' introduces the Christian dimension via a semi-pagan synecdoche* (which recurs repeatedly in I, v). Explicitly Christian language is delayed until III, iii (894); thus for the time being the full audacity of the play's subject matter is only implicit.

84 Dorine pronounces a climactic alexandrine, and is immediately rebuked by Madame Pernelle.

86-92 A picturesque parenthesis* is provided, placing the play in its contemporary context, and introducing an ironic *concessio** by Madame Pernelle (91). See also 103-4, where a tone of caricature is added. A further caricature (the elderly prude) occurs in 121-40 (cf. 1330-2).

93-102 Cléante's speech contains features characteristic of the *raisonneur*: literalism (93); sententiousness (99); and a phlegmatic conclusion (100-2). Dorine too engages in *sententia** (105-6); but it is noteworthy that these lines were spoken by Cléante in the 1667 version.

141ff. Madame Pernelle concludes (and resumes) the scene with an epilogue, interrupted in 166, and culminating in a physical action redolent of farce.

164 Note that the stage is, by implication, peopled with a laughing public; Madame Pernelle is thus dramatically, as well as literally, 'on stage'.

I, ii

The couple Cléante-Dorine now take over as *meneurs de jeu**, directing the action, and representing in some sense two aspects of the same role. The scene is, however, largely animated by Dorine.

171-6 Note the speed and wit of Dorine's *entrée en scène*, followed (177-8) by a rapid résumé of I, i.

179-82 Attention now returns to Orgon, and the backdrop of the Fronde is introduced, anticipating the terms of the dénouement. Note the comic rhyme of 183-4.

185-90 This sequence accords with Planchon's reading of Orgon's feelings for Tartuffe (see introduction pp. xxvi-xxvii), as well as anticipating the terms of 278-9.

191-4 Dorine gives a comic cameo* of Tartuffe, concluding with a bathos*, glossed by a rare (and therefore presumably justificatory) reminder of Dorine's status, disguised as a stage direction.

195-202 The couple Orgon-Tartuffe is now described as a comic diptych*, apparently with hyperbole*, but in fact in the terms in which it will subsequently be depicted.

207-8 The work of the Spanish Jesuit Pedro de Ribadeneyra (*Flos Sanctorum*) was first translated as *Les Fleurs des Vies des Saints* in 1645-6, and variously re-edited in subsequent decades. Note too the emphatic rhyme. The attack here, as most commonly in the early scenes of the play, is on Christian rigorism.

I, iii

211-14 Elmire affords a glimpse of an off-stage scene, and introduces the motif of vision.

217 The underlying *fil conducteur* of the play is informally introduced, and a harmonious quartet of lovers envisaged. Damis is appositely interrupted in his deliberations, adding speed to the exposition, and satisfying the audience's curiosity to see Orgon.

I, iv

223-6 The scene opens with a highly naturalistic conversational exchange, an effect enhanced by the rhyme crossing the dialogue.

231-58 The remainder of the scene is constituted by farcical *lazzi**, alternating Dorine's interventions with Orgon's *points fixes* in a litanic* sequence. The scene ends with an aggressively ironic couplet from Dorine, underscored by Cléante (259). Bray remarks of the symmetry of the whole: 'Trois fois, ce mouvement quadruple obéit à une parfaite symétrie; à la quatrième seulement, Molière introduit une légère irrégularité, en racourcissant la première réplique de Dorine' (205-6).

I, v

From a verbally farcical scene, we move on to a debate on the issue of Tartuffe's piety.

259-66 After a linking commentary (259) and a line of paralipsis* (260), Cléante demonstrates the frankness (261) characteristic of his role (and parallel roles in Molière). His relationship to Orgon ('beau-frère') endows him with the necessary equality for him to initiate a challenge. We also note the point of reference of Cléante: 'A-t-on jamais parlé' (262) as he introduces the *vox populi* to the isolated perception of Orgon.

272-9 Biblical references accumulate in Orgon's first extended intervention: to the 'Ecce homo' – John 19, 5 (272); to Philippians 3, 8 (274); and to Luke 14, 26 (278-9). The last of these is recalled in 1120, 1180 and 1884.

281-310 Orgon, in his description of Tartuffe, provides an extended caricature of the *dévot*, notably in the practice of prayer and almsgiving. Fasting and abstinence (or their lack) have already figured, and mortification of the flesh will later be added at Tartuffe's entry. Molière's description of *dévot* behaviour is also accurate in its detail (e.g. the double genuflexion before the sacrament [284]; or the offering of holy water on leaving a church [290]). The whole sequence functions symmetrically on a loose rhythm of 2 and 4 line units.

295-6 The use of double irony is introduced in Tartuffe's reported intervention. It will be substantially deployed in his reactions to later accusations, notably in 1074ff. A similar feature, simple irony, then emerges from Orgon's affirmation in 301-4.

314 The term is highly resonant, taking on board in particular the tenets of *libertinage érudit*, i.e. of free-thought.

318-407 Cléante's two long speeches are interrupted by Orgon's parody of the *raisonneur* (346-50). (Cléante shares much of the near-contemporary definition of the *raisonneur* afforded by the 1694 *Dictionnaire de l'Académie*: 'il ne se prend ordinairement que de la mauvaise part, et ne se dit que d'une personne qui fatigue, qui importune par de longs, par de mauvais raisonnements'.) They take up within the play certain of the disclaiming arguments of Molière's *Préface* to *Le Tartuffe* (as those of the *Préface* to *Les Précieuses Ridicules*). Both speeches begin with a protracted development of the theme of discernment of truth from falsehood (325-38; 353-81). The second part of the first speech (339-44) then contains a sententious appeal to follow the *via media*, only slightly alleviated by the ironic disclaimer of 345; the second part of the second speech (382-404) is devoted to Cléante's spurious (and negative) definition of true *dévotion*, leading to a triumphant climax (403-4), before the whole is resumed in a three-line coda* (405-7). This passage is described in the *LCI* as 'des réflexions très solides sur les différences qui se rencontrent entre la véritable et la fausse vertu' (Mongrédien 135).

319 The all-important motif of vision recurs; and indeed the disillusionment of Orgon with Tartuffe and *dévotion* will be substantially expressed in terms of seeing and (dis-)believing (in a parodic reversal of the Scriptural model, cf. John 20, 8). Greenberg provides a (somewhat tendentious) commentary on this motif and its implications.

397 The term 'cabale' is presumably provocative in view of the unofficial and pejorative name of the *Compagnie du Saint-Sacrement* ('la cabale des dévots') given it by its opponents (cf. the second *placet*).

408-26 The static nature of the first part of I, v is rapidly corrected by the third farcical sequence of the play. Orgon retrospectively identifies the tedious verbosity of Cléante (408) (for Albanese, Cléante is a 'raisonneur plus grandiloquent qu'efficace' [128]), before a series of stichomythic* exchanges reintroduces the *fil conducteur* of Mariane and Valère, forming a lighter coda* to the scene, and appropriately leading to the emphasis on this dimension throughout the second act. The entire act has thus functioned on an alternation of more and less farcical sequences. Bray comments more generally: 'Dès que le sérieux s'accentue, Molière fait intervenir les bouffons dans une sorte de mouvement de compensation' (281).

425-6 A brief aside effects the link between acts, although in as relatively naturalistic a play as *Le Tartuffe* prolonged or repeated addresses to the audience would be inappropriate and are thus avoided.

II, i

427-56 Speed and informality inform the opening exchanges, enhanced by the enjambements* 427-8-9, 431-2 and reinforced by the *comique gestuel* of Orgon's search in the 'petit cabinet'. Indeed the versification of the entire scene is marked by its freedom except, notably, in the authoritarian (and discrete) quatrain* 441-4 (and cf. the equally unyielding alexandrine of 455). Furthermore the balanced stichomythia* which precedes this is abandoned for a more disrupted sequence in the later part of the scene.

II, ii

The scene takes place essentially between Dorine and Orgon, with Mariane silent throughout, and identified as such in 585. A passage of more sustained exchange (472-540) is enclosed by two freer dialogues.

457-72 The first section is informed by a cumulative polyptoton* of 'croire' (464, 465, 469, 471, 472). The opening words of Orgon indicate that Dorine's entry has been stealthy. The exchanges are further characterized by a contrast of register.

473-540 For the first time in Molière, a servant engages her master in debate on what amounts to an equal footing, made more socially plausible by the somewhat formal reproach which initiates it (476-7), by Dorine's reply, and by the final lines of the scene (580-4). Albanese comments: 'Dorine représente la servante qui affronte les pouvoirs établis' (121). She makes appeal in turn to Orgon's social aspirations (482-4 and cf. *L'École des Femmes, Le Bourgeois Gentilhomme*), common sense (495-501) and finally, after a self-interruption (501), to his sexual pragmatism (501-17), concluding with a sequence of *sententiæ* (507-16). Orgon counters with Christian platitudes (489-94, with multiple Biblical resonances in 489-90 – cf. John 3, 13; 8, 23; 12, 25; 18, 36; 1 Corinthians 7, 31; 1 John 2, 17). His last two interventions in this section, addressed to Mariane, stress above all political authority (520-5; 528-36). Tobin comments: 'Sa tyrannie consiste [...] à faire taire les autres' (378).

541-55 The third part of the scene returns to a farcical sequence, initiated by a polyptoton* of 'taire', announced in 484, taken up in 541, 544, 549, 550, 553, and mirroring that of 'croire' in the first part. Note, *en passant*, the supportive alliteration* of 551 and the reference to humours in 553 (cf. the interplay of the 'atrabilaire' Alceste and the phlegmatic Philinte in *Le Misanthrope*). According to classical and medieval medical theory, the body was governed by the four cardinal humours (blood, bile, choler and phlegm), whose balanced interaction was needed to ensure good health and temperament.

556-84 The remainder of the scene intensifies and develops the farcical tone, introducing a series of explicit and repeated physical actions, culminating in the failed *soufflet*. This section is in turn divided into two, beginning with the attempted silencing of Dorine (556-71), who compensates by addressing the audience with a kind of peasant wisdom (562-6); and then an ironic interplay, strong in visual impact, as Orgon is disturbed by her compliance (572-9).

II, iii

585-617 Mariane's stress on parental authority is contrasted by Dorine's general justification of the rights of young love (591-6). The pace increases rhythmically towards the pseudo-tragic fulcrum of 614. Note the term of theatrical self-referentiality in 586.

617 Dorine's *contrerejet** ('J'enrage') initiates a persuasive stratagem based on antiphrastic* irony.

625, 634 The *précieux** metonym* 'feux' and the isocolon* reinforce Mariane's conventionality.

628-78 Alliteration* and rhyme add to the comic impact of Dorine's indignation as do repetition (641-2), hyperbaton* (645), *burlesque** gentility (649), *reductio ad absurdum** (654-5) and finally the extended caricature of provincial life (656-67). Dorine's neologistic* rhyme (674) leads to Mariane's pseudo-tragic quatrain* (675-8).

679-84 The scene ends with Dorine relenting, and the tone is lightened in preparation for the scene that follows.

II, iv

685-793 The *dépit amoureux*, a compressed variant of Molière's play of 1656, extends over two phases. (Bray comments: 'Le thème revient dans *Tartuffe*, concentré sur une scène et débarrassé de la doublure comique. Les moments sont les mêmes: dans la disposition psychologique des amants naît le malentendu; la querelle s'ensuit; les reproches se croisent; les résolutions se forment; l'hésitation survient; la servante s'en sert pour faire surgir l'explication; d'où elle tire la réconciliation' [176].) Initially (695-756) the two lovers self-consciously play roles (and the theatrical self-referentiality is strong in this scene, as in the previous one). Valère gives the same advice as Dorine (696) who, with the exception of an aside (704), is a spectator. The exchanges are rapid, with much sticho-mythia* and symmetry. The first part concludes with a succession of false exits; the dialogue disintegrates; and Dorine intervenes (752).

738 Note the *précieux** language of Valère.

757-93 The second phase, now involving Dorine, is highly symmetrical and visual in its impact, playing on parallelisms which, in turn, paradox-ically emphasize the compatibility of the lovers. The reconciliation is followed by a brief coda* (788-93).

794-822 Dorine, in conclusion, readopts her role as strategist, invoking furthermore the support of the other members of the family. A sentimental postscript (815-18) mirrors the earlier coda*. The equilibrium of Dorine's concluding isocolon* (822) appropriately closes a scene in which symme-tries have above all prevailed.

III, i

823 Damis's tumultuous *entrée en scène* is redolent of the stock comic *miles gloriosus**.

833-45 A primarily informative speech, whose prosaism* is enhanced by the frequency with which the rhyme pulls against the syntax.

851 Damis's line announces proleptically* his outburst in 1021.

III, ii

853 The long awaited arrival of Tartuffe adds mortification of the flesh to the catalogue of *dévot* practices parodied.

861-4 Dorine and Tartuffe, both here portrayed caricaturally, establish immediately the tension between *dévotion* and sexuality which will be exploited *in extenso* in III, iii and IV, v. Salomon notes: 'Une des préoc-cupations majeures de l'Église catholique au xviie siècle est la mode des grands décolletés' (170) and quotes in evidence such pamphlets as the 1677 *De l'abus des nudités de la gorge.*

865-8 Disingenuousness in Dorine is developed by *reductio ad absur-dum**.

871-2 This couplet points to III, ii as a scene of transition.

875-6 A further aside, emphasizing in addition Dorine's hypothesis in 84.

III, iii

The pivotal scene of the act.

879-932 The first part of the scene, preparing for Tartuffe's major speeches, exploits visual and verbal comedy in the transition from altruistic concern to physical seduction.

883-4 Elmire's social competence is immediately underscored, and her replies continue, for as long as possible, to be drawn from the *lieux communs* of etiquette (886, 891, 893-4, 903-4, 911-12).

885 The motif of Elmire's illness serves as a link between I, iv and this scene; between Tartuffe's feigned compassion and his sexuality; and is finally deployed for comic effect in the coughing sequence of IV, v.

887-8 Note the modesty topoi* of Tartuffe: here paralipsis*; then litotes* (892-3) reinforced by the polyptoton* 'chérir'/'chère'.

893 Cf. the Bible: John 13, 37; 15, 13; 1 John 3, 16.

894 The term 'chrétien' is now explicitly introduced for the first time by Elmire, replacing more vague references to 'le Ciel'. The degree of satirical specificity is immediately enhanced.

896-8 The overlap of rhymes in the dialogue now gives way to a rhyming couplet as Elmire changes the subject. The shift is, however, misread by Tartuffe.

897-8 The ambiguity furnishes a comic irony, pursued in the following exchanges.

910-11, 913 The first examples of the language of *dévotion* deployed for the purposes of seduction, and thus of the major parodic device of the scene. This language is also taken up by Elmire, immediately leading into Tartuffe's first long speech.

912-19 The three stage directions precede Tartuffe's justification of his actions. The visual comedy thus precedes the verbal.

924-5 Two reflecting hemistichs* resolve the question of Mariane which is the pretext for the meeting. The major business of the scene may then ensue.

926, 928 The term 'félicité' intensifies the earlier 'bonheur', and is thus logically if disingenuously understood by Elmire as indicating the transcendent.

929 Cf. the Biblical resonances of 489-90.

933-60 The weight, density of reference and sophistication of this and the following speeches accords them a major status in Molière's linguistic parody. They appear as *morceaux de bravoure* in the general argument. (See introduction p. xiv.) Tartuffe initially adapts the teleological argument (cf. *Dom Juan* III, i) whereby the created object is deemed to reflect the design of the creator (933-44); there follows a deformation of neo-platonic theory, according to which earthly love is represented as a stage on the way to the perfect love of God (945-52); finally (953-60) there is introduced a sequence of Petrarchan* imagery (the gift of the heart [953-4] – an area also exploited in the widespread contemporary devotion to the Sacred Heart), and a Jansenist tone of passivity (955-6), before a further intrusion of metaphysical language leads to the climactic isocolon* (960).

961-5 Elmire's bathetic* intervention constitutes little more than a formal break in the sequence; but she retains her tone of social competence. 'Raisonner' here, as in 968, has apparently the sense of 'give consideration to one's actions'.

966-1000 The sequence begins (966) with a one-line parody of the heroic register (cf. Corneille, *Sertorius*, 1194: 'Ah! pour être Romain, je n'en suis pas moins homme'). Then, after deploying a *concessio** (969), Tartuffe proceeds to the parodic treatment of the *Salve Regina* (972-86). The overlap continues between *dévotion* and sexuality. Note in 977 the action of fasting is again mentioned in the list of pious practices. After a negative parenthesis* (987-92), Tartuffe returns to the profane, albeit by means of a further devotional/*précieux** reference (995 and cf. Luke 24, 32), and concludes on a further isocolon*.

1001-6 Elmire identifies retrospectively the persuasive register of Tartuffe (1001). Her use of comic litotes* (1003-4; 1006) nevertheless provides a moment of tension; however, her intention to speak to Orgon (1004; 1015) contrasts with the visual evidence which will alone suffice to persuade him.

1001-21 The balance between interlocutors is restored: the game will carry on, with Elmire taking over the role of strategist from Dorine, and with the marriage of Mariane and Valère still in question.

III, iv

Tartuffe is silent during this scene. Damis and Elmire consider two possible courses of action: to declare all to Orgon (1021-8); to encourage the self-incrimination of Tartuffe (1029-34). In fact both options occur successively.

1021-8; 1037-48; 1050-2 Damis's speeches are again full of mock-heroic language, supported by cumulative constructions.

1033-4 Elmire concludes her intervention on a *sententia**.

1042 A passing reminder of the double love-plot which, in the case of Damis, remains at the level of a pretext.

1053-4 Damis's language apparently prepares for a dénouement.

III, v

Tartuffe is again silent for the duration of the scene.

1055-66 Damis, in a series of discrete couplets, appears to put an end to the discussion.

1067-72 Elmire, addressing first Orgon and then Damis, continues to withhold judgement.

III, vi

Elmire now leaves the stage.

1073 Orgon will reply to this question to his own satisfaction in 1321.

1074-140 The dominant comic device, the deployment of double irony (described in the *LCI* as 'un excellent artifice' [Mongrédien 143]), remains the same throughout the scene, despite changes of rhythm and contrasts of register. Tartuffe's self-inculpation furthermore gains in comic potential as it achieves its desired effect on Orgon. The specific allegation (the seduction of Elmire) is however now dropped, and only recurs in 1321.

1074-8 Tartuffe subverts the Christian practice of confession by a hyperbolic* adaptation of the opening penitential prayer of the Mass, the *confiteor*. A Biblical parallel also comes to mind (Luke 18, 13). Albanese comments: '[La] dimension blasphématoire [de Tartuffe] est mise en pleine lumière [...] lors de sa singerie d'une confession religieuse' (104).

1084 Tartuffe's alliterative* challenge to Orgon will acquire a particular ironic resonance as the remainder of the play unfolds. One could also draw a metaphorical parallel between Tartuffe's behaviour and the farcical topos* of feigned death.

1087-8 Orgon follows Tartuffe's *coup de théâtre* by a second, equally unexpected, reversal of the anticipated reaction. The comic interplay of the impostor and the dupe attains its maximum theatrical effect in this scene, as each, against expectation, self-consciously recognizes and persists in his status.

1091-100 The double irony reaches its climax as Tartuffe builds on the position he has gained, and as the motif of vision (1096) is introduced alongside the theme of appearance and reality (1097). The weapons of Elmire and Cléante are thus used paradoxically to Tartuffe's advantage.

1101-6 Further visual comedy is introduced with the explicit stage-direction (1105-6). It is of course Damis who will receive the injurious titles which Tartuffe invites (1090, 1110, 1115, 1117, 1128, 1134, 1139).

1107-17 Again the alternation is salient between a sustained comic device and a more rapid series of exchanges, implying as well a greater degree of movement on the stage. Note the accumulation of precise stage directions and the disrupted rhythm of the dialogue.

1107, 1112 The mode of address (initiated by Tartuffe to Damis in 1101) plays on the tradition of the Church as a Christian family.

1113-14 The tone of Tartuffe's renewed *faux-altruiste* intervention is emphasized by assonance* of 'u' [y].

1117, 1127, 1133, 1138 Damis is progressively reduced to silence. His direct approach has therefore failed, and the indirect approach of Elmire to the unmasking of Tartuffe must thus ensue.

1118-40 The figure of Orgon now takes on its full amplitude as the caricatural tyrannical father, disposing perversely of the fortunes of his offspring (and 1131-2 is further reminiscent of Sotenville's injunctions to George at the end of *George Dandin*: 'Ne vous rompez pas davantage la tête, et songez à demander pardon à votre femme' [...] 'Allons, mettez-vous à genoux' [...] 'Prenez-y garde, et sachez que c'est ici la dernière de vos impertinences que nous souffrirons' [III, vii]). For Albanese, 'Tartuffe fait [...] figure d'un prétexte permettant au tempérament autoritaire d'Orgon de se donner libre carrière' (113).

1128 The convention of unity of time is invoked within the dialogue of the play.

1135 A farcical topos* is evoked but here as elsewhere, and importantly for the relative decorum of the play, not enacted.

1139-40 The financial dimension to the plot, which will grow in significance, is introduced as the scene ends. It will be developed further in the following scene (1178).

III, vii

The act concludes on the only scene in the play in which Tartuffe and Orgon are alone together; and therefore the closest we get to a love scene between them (in Planchon's reading – and note the intimacy implied in the reiterated 'Mon frère').

1142 This line originally read, according to Voltaire: 'Ô Ciel! pardonne-lui comme je lui pardonne', with its clear reference to the *Pater Noster*. Cf. 1182.

1146 Tartuffe affects the pseudo-tragic device of aposiopesis* to give further emphasis to his distress. The exaggeration of the last line of his quatrain*, however, ensures that bathos* is the strongest impression created.

1152-67 A further farcical sequence, albeit continuing in six rapid and essentially identical exchanges the play of double irony. It is then self-consciously closed by Tartuffe in 1167 when it has achieved its full impact on Orgon. 1159-60 fulfil the further function of providing a prolepsis*.

1172-81 The scene (and act) close with a coda* in which the next stage of the plot is anticipated by Orgon's perverse insistence (1172) and in which the main themes of the play are recalled: the seduction of Elmire (1172-4); the disinheritance of Damis, of which Tartuffe is the beneficiary (1175-8); the marriage of Tartuffe to Mariane (1179). Tartuffe's control is now total.

1180, 1183 Both lines take up earlier lines: 1180 echoes 278-9; and 1183 ironically recalls the reiterated phrase of I, iv.

1182 A further reference to the *Pater Noster*, cf. 1142.

IV, i

Cléante and Tartuffe present two aspects of *dévotion*, neither correspond- ing to a true contemporary definition, in a scene of primarily verbal interest, after the fast-moving conclusion of Act III.

1185-228 Cléante opens the scene *in medias res** with a further appeal to the *vox populi* whom he represents (1185 cf. 1198). Reference to this constituency is then taken up by Tartuffe (1211). He argues ('raisonne') with Tartuffe, not without repetition (cf. 1188, 1193, 1222) and verbosity. His function as a corrective voice is again too overtly in evidence. Cléante's position is resumed in two questions (1193-4; 1195-6), which are then addressed in Tartuffe's replies in the course of the scene. Cléante now also explicitly introduces the terms 'chrétien' (1193) and 'Dieu' (1201), again reinforcing the credal specificity of the play (even if he and Tartuffe both revert to 'le Ciel' in subsequent speeches). Cléante's view of Christianity is here eirenic (cf. John 14, 27); Tartuffe counters with an equally scriptural position (cf. Matthew 10, 34). As Salomon remarks, 'Molière souligna un écart qui séparait deux façons d'envisager le cath- olicisme' (17).

1203-16 The casuistry of Tartuffe (his 'excuses colorées' [1217]) intensifies, and, from caricaturing Christian rigorism, Molière shifts to a caricature of scholasticism. As Tartuffe's circumstances change, so does the potential for parody provided by his reaction.

1229-32 Tartuffe answers Cléante's first question by an astute *distin- guo**, neatly encapsulated in a quatrain*.

1232-68 Cléante's second question is now addressed. In the end, his laborious 'raisonnement' (and note again the repetition of 1196 in 1261-4) is simply cut short by Tartuffe's interruption (1266-8).

1239-40 Biblical reference is again used in the context of abnegation (cf. 489-90; 929).

1244-6 Tartuffe becomes increasingly daring in his use of proleptic* irony.

IV, ii

The scene offers a sudden increase in the number of the *dramatis personæ* on stage after the arguments of the previous scene. It signals further impending action, with some united sense of direction (note Dorine's prosaic* 1273); and also identifies a majority voice of good sense with which the audience is (here at least) presumably invited to associate. In addition it serves as a scene of transition, as of preparation for the family scene that follows, in the absence of Tartuffe.

IV, iii

1279-92; 1294-300 Mariane's speeches introduce a moment of *pathétique* (cf. the contribution of Done Elvire in *Dom Juan* IV, vi), and stress the role of Orgon as father (note the emphatic vocative in 1286). For Albanese: 'Désespérée, elle se mettra à genoux pour chanter une espèce d'hymne au pouvoir du Père' (123).

1293; 1305 The sinister potential of Christian rigorism is strongly emphasized in these lines.

1307-12 This brief passage serves as a fulcrum between the Mariane-dominated beginning of the scene and the Elmire-dominated conclusion. The figures of Dorine and Cléante virtually only contribute this sequence (except 1355-6) and fulfil in the remainder of the (very symmetrical) scene an essentially spectatorial role relative to the family group. These lines also offer a brief reprise of previous comic moments: 1307-8 of II, ii; and 1309-12 of I, v.

1313-16 Elmire's vision is contrasted with Orgon's blindness; the motif will dominate the remainder of the scene. Furthermore the term 'fait' suggests an objectivity to the situation, but one not recognized by Orgon, as we note in his reply (1321-2).

1317 Orgon's line is a further example of double irony: he is taken in by Tartuffe's 'apparences'; but it is equally proleptic*, since his disillusionment will again be effected by witnessing Tartuffe's outward behaviour.

1326 The line serves both as a caricature of Orgon and as a stage direction.

1330-2 Elmire provides a brief cameo* of a contemporary type (cf. 121-40). Cf. Arsinoé in *Le Misanthrope* or Bélise in *Les Femmes Savantes*.

1333 Elmire's appeal to heaven is particularly ironic in the context.

1337 Orgon cuts short the argument. They have reached an impasse; and Molière uses this device to move on to the next stage of the action.

1340-2 The repetition of 'voir' anticipates the comic use of polyptoton* of the verb which will later be made when Orgon addresses Madame Pernelle in V, iii, climaxing in 1676-7.

1349-54 Elmire's pique adds a decisiveness to the situation, and her stratagem is thus accepted by Orgon (as is her terminology: 'Nous verrons [...]'). The role of *meneur de jeu* * has moved from Dorine via

Damis to Elmire (as is affirmed in 1363), and will finally be assumed by
the monarch at the play's conclusion.

1359 The observers leave.

IV, iv

A brief, but visually comic, scene of preparation for the table scene. An
insightful reading of these two scenes is provided by Tiefenbrun (165-78).

1366 Orgon's objection adds *vraisemblance* to the situation.

1369-86 Note the clear-sighted efficiency with which Elmire's project
is enunciated. Her speech is divided into two quatrains* and a sequence
of ten lines. She begins by anticipating (and thus in some sense neutraliz-
ing) the frustration of Orgon (1369-72); and then, again in terms redolent
of farce ('faire poser le masque'), affords a prolepsis* of the outcome
(1373-6). Finally she delegates to Orgon the right to bring the whole
episode to a close and, in 1384, she flatters his power (not, given his
physical position, without irony).

IV, v

The major scene of the act, preceded and followed by four and three briefer
scenes respectively. The writer of the *LCI* comments: 'Le poète [...],
prévoyant cette scène comme devant être son chef-d'œuvre, [...] a disposé
les choses admirablement pour la rendre parfaitement vraisemblable'
(Mongrédien 148).

1387; 1389 Tartuffe's opening line, supported by Elmire's reaction,
affords a sense of intimacy and spatial closure to the stage.

1388-92 Elmire exploits the full potential for irony at Tartuffe's ex-
pense, with the audience and Orgon in different ways the beneficiaries.

1393-408 Tartuffe is informed of the developments of the last three
scenes in a sustained analysis, culminating in a mild tone of sexual
provocation.

1409-10 Tartuffe furnishes what amounts to a stylistic commentary
within the text.

1411-22 Elmire now emerges as a skilled manipulator of the semiotics
of seduction, and notably of the potential for a positive interpretation of
the apparent reluctance of the (female) recipient of attention. Charles Van
Lecke in *Le Monde* comments on Planchon's portrayal of 'l'ambiguïté
d'Elmire dans la scène de séduction' (22 July 1973). The disingenuous
reading of the psychology of the female response proposed by her is then
reaffirmed by a *sententia** (1415-16), and developed in a series of

paradoxes supported by anaphora* (1418-20).

1423-36 After a parenthetical *concessio** (again adding *vraisemblance*), the sexual initiatives return, couched now in the form of questions. Elmire declares nothing, since her (apparently rhetorical) questions are in fact authentically interrogative. The device is repeated in 1471-6. So again a situation of double irony is established, as rhetoric is joined to provocation (and note the chiastic* symmetry of 1425-36: 2+4+4+2).

1427-30 The devotional/Petrarchan* imagery of Tartuffe's seduction is taken up (cf. 953-4).

1437-52 Tartuffe's reply is masterful in its psychological *vraisemblance*. It opens (1437-42) with a reprise of his bivalently sexual-religious language ('douceur', 'suavité', 'béatitude'), developed into an extended metaphor (1439-40); it then exposes his realism as he expresses scepticism in reaction to Elmire's *volte-face*, and discerns the Mariane-Valère question as the probable motive (1443-6). But then he finally shows himself the equal of Elmire, by turning his scepticism into an appeal for physical reassurance (1447-52).

1452-3 The stage direction rapidly intensifies the visual comedy of the scene. The *Lettre satirique* resumes the episode:

> Pendant ces beaux discours, Orgon, sous une table,
> Incrédule toujours, pour être convaincu,
> Semble attendre en repos qu'on le fasse cocu.

Mongrédien (175)

1453-8 Elmire both resists and intensifies the terms (note how 'un peu de ces faveurs' [1449] is translated into the 'dernières [i.e. sexual] faveurs' of 1458).

1459-62 Tartuffe reacts by three *sententiæ**: the first a pious banality; but the second and third of the nature of semiotic truisms applicable to an important degree both to himself in general and to Elmire in this scene.

1463-6 Tartuffe moves from *sententiæ** to specifics, although still here expressed in terms of the *dévot* ('bontés') and *précieux** ('flamme') metonymy* of III, iii. The former however disappear progressively as Tartuffe's more straightforward intentions seem to be becoming more realizable.

1467-70 Elmire intensifies the tone with each intervention. From her prevailing technique of questions she now briefly moves to exclamations, again supported by anaphora*.

1471-6 Questions return, again with true interrogatives disguised as rhetorical questions.

1477-8 'Œil bénin' is a weak throwback to Tartuffe's previous vocabulary (cf. III, iii).

1479-80 As Tartuffe's religious dimension diminishes, so Elmire aggressively reasserts it in a hinge-like couplet, initiating a counter-attack. The exposure of lust is completed; the exposure of religious fraudulence is undertaken.

1481-4 The religious façade of Tartuffe is now explicitly removed. However Elmire persists with the ironic objections, thereby forcing Tartuffe into a defence of laxism.

1485-96 As Tartuffe moves from rigorism to laxism, so the potential for Christian parody again shifts. The resonances of a recent attack on casuistry (Pascal's *Lettres Provinciales* had appeared during the previous decade) are clear in the use of the kind of loaded terms prevalent in 1488-92, and the passage (or a similar precursor) is described in the *LCI* as 'une [...] déduction des adresses des directeurs modernes' (Mongrédien 150). Christian ethics are thus seen to resemble a secret code. The highly regular versification of 1495-6 adds to Tartuffe's tone of reassurance.

1497-501 The discussion of scruples is interrupted again (and will be further) as the other, visual dimension of the scene is exploited, playing on Elmire's apparent illness (which is capable of metaphorical interpretation both by the audience and by Orgon). The comic rhyme of 1497-8 initiates the brief parenthesis*.

1502-20 The argument resumes, and Tartuffe again supports his position with *sententia** (1505-6). Elmire then pronounces her speech of assent, climaxing in the (still ambiguous) 1516. Both protagonists have expressed reservations (note Elmire's strong qualification in 1512); but Elmire's increasingly outrageous provocation makes her submission the most plausible outcome.

1521-2; 1527-8 A further shift back to visual comedy, as Elmire, her point made, now momentarily expels Tartuffe and brings the scene she has directed to a close.

1523-6 Tartuffe provides a summary caricature/portrait of Orgon's behaviour (as exemplified in III, vi). In so doing he is represented as being as intelligent as the other protagonists; only Orgon remains unconvinced. Note how, even here, Molière re-introduces a Biblical reference (John 20, 8: 1526, cf. 319).

IV, vi, vii, viii

Three rapid scenes serve to effect the act's dénouement. Their rapidity is justified by the need to avoid dwelling on the (potentially serious) portrayal of Orgon's disillusionment, and serves to permit a series of rapid peripetias*.

1529-38 Orgon's disbelief and fury are counterpointed by Elmire's triumphantly persisting in antiphrastic* irony.

1539-41 A brief moment of comic irony, followed by a *coup de théâtre*.

1542-50 Orgon challenges Tartuffe on grounds both of religious fraudulence and sexual impropriety in two exclamations (1545-6), the second comically reinforced by its status as an isocolon*. Similarly the quadripartite division of the closing 1550 affords it a petulant finality.

1551-6 Elmire's repentant explanation leads to a brief interplay between the stumbling Tartuffe and the now brusque and assertive Orgon.

1557-64 Orgon's control is short-lived, as a further peripetia* ensues, and Orgon is the victim of a comic retribution, made possible by his previous obstinacy. Tartuffe uses anaphoric* enumeration to reinforce his points, as well as, for the first time in the play, using religious terminology with deliberate and transparent cynicism (1563-4). The reversal of terms ('imposture') in 1562 is particularly brutal.

1562-72 A brief scene, and the first honest encounter between husband and wife. The act nevertheless ends on a note of mystery and foreboding.

V, i

1573-5 After an *entrée en matière* indicating rapid movement, the final act allows the central discursive duo of Cléante and Orgon to ponder at greater length on the rapid developments of the previous act's conclusion.

1576-600 The rapidity of exchange gradually diminishes, and the vital political background is elucidated. The discussion of the 'cassette', emphatically brought to our attention in 1576-8, prepares for the political context which will justify the dénouement. An explanation then immediately ensues, whereby Orgon has acted as a trusted friend to Argas (described in 1838 as 'un criminel d'État') by keeping some incriminating documents which have, in turn, passed into the hands of Tartuffe. Cléante asks in 1584 the 'audience' question, allowing for further elucidation, tortuously provided by Orgon in 1587-92, and more straightforwardly glossed by Cléante in 1593-600, acting in his role as confidant and adviser. The last act has thus introduced a secondary dilemma, which will in turn necessitate the secondary dénouement (the removal of Tartuffe as a political threat to Orgon).

1601-6 Two aspects of the primary dénouement (the removal of Orgon as a paternal threat to the marriage of Mariane and Valère) are realized in these lines. First the ratification of Orgon's disillusionment and his error, recognized and admitted as such to Cléante. This is the precondition of the marriage of Mariane and Valère, the formal happy ending which will ensue. And secondly, the anticipation of further departures from rational behaviour in post-dramatic time afforded by Orgon. He is thus portrayed as an incorrigible obsessive, and the audience may again laugh as his future comic potential is sketched in. Disillusionment has led to a release which, after the aposiopesis* of 1603, leads in turn to a new comic departure.

1609-28 Cléante's final protracted contribution as a *raisonneur*. The whole passage reads as an extended didactic epilogue: he begins by encapsulating Orgon's character as the classic *obsédé* (1607-10); this is followed by a brief (self-congratulatory?) résumé (1611-12); a reference to the *castigat ridendo mores** topos* (subverted by the previous speech of Orgon) (1613-14); and a final pejorative résumé of the nature of Tartuffe (1615). Thereafter Cléante takes up again his terminology of I, v (now with Orgon's assent), predictably advocates the *via media*, and invokes within the text the subtitle of the play (1625) ('un imposteur' is defined by Couton as 'un personnage capable de fourberies longues, graves, méthodiques' [412]).

V, ii

The gradual increase on stage of the *dramatis personæ* is initiated by Damis.

1634 Ironically, at this stage, a further Biblical reference (cf. Matthew 26, 51; Mark 14, 47).

1638-41 Cléante offers a characteristically eirenic solution to the dilemma and anticipates, in 1640, the vital function of the monarch in the final stages of the dénouement.

V, iii

1643-56 A rapid increase in the stage company signals the impending dénouement. Madame Pernelle's inquiry allows Orgon a further résumé. His anger is indicated by the use made of the historic present and the anaphoric* use of 'Et' (1649, 1651, 1653, 1656) denoting a breathless enumeration of causes for indignation (cf. Alceste in V, i of *Le Misanthrope*). The visual language of 1643 looks forward to its comic exploitation in later parts of the scene.

1657-96 The central part of the scene allows for multiple levels of irony, in a brilliant coda* to the primary dénouement, in which Madame Pernelle plays Orgon back to himself. It is initiated by Dorine (1657 – in her case knowingly) and then pursued by Madame Pernelle in a long series of patronizing *sententiæ**, whose increasing comic value is matched by the increasing fury of Orgon's riposts.

1668-74 A stichomythic* *dialogue de sourds*, in which, vitally, Madame Pernelle's references to language ('contes', 'médisants', 'langues') are countered by Orgon's allusions to vision ('j'ai vu' etc). (Tobin notes more generally: 'La fréquence de certains verbes qui décrivent le discours humain est frappant' [375]). It leads in turn to Orgon's furious loss of self-control in 1676-8, reinforced by the comic rhyme of the second couplet.

1683-4 Antiphrastic* irony is lost on the hearer.

1686 A further comic reprise of the vision motif, this time by Madame Pernelle.

1689 The suggestive auxiliary verb is redolent of the 'le' of *L'École des Femmes* II, v in its anticipation of an indecorous (at least) past participle.

1690-2; 1695-6 Madame Pernelle and Dorine, in different ways, put an end to the comic sequence. Dorine closes it, as she had opened it, and in so doing points the irony.

1697-9; 1703-8; 1711-12 Cléante's remaining contributions to the scene are psychologically and dramatically characteristic: his efficiency serves to move the scene on; his realism anticipates the danger that will become explicit in the following scene (and note the recurrence of 'cabale' in 1705); and his final couplet seeks an (impossible) eirenic outcome.

V, iv

An accumulation of events now overtakes the exploration of reactions to Orgon's disillusionment. The scene marks the beginning of the more active secondary dénouement, by the introduction of the financially and politically motivated agents.

1720 A classic example of paralipsis* introduces Monsieur Loyal's role. He is later caricatured as the deceitful (1733-4), verbose (1741ff.) and jargon-ridden (1753ff.) lawyer, an easy and comically well-tried target. His whole laborious exposition has the incidental advantage of enhancing his informative function, allowing the audience to assimilate the exact terms of the *coup de théâtre*.

1752, 1790 Note the recurrence of 'céans', re-emphasizing the enclosed stage space of a domestic interior, but more particularly the implications of Orgon's expulsion as bourgeois *père de famille* from his own territory. As Hope points out, 'when a bourgeois like Orgon loses his house, he loses his identity' (48). Gutwirth also draws attention to Tartuffe's 'successful occupation of that well-nigh impregnable fastness, the *intérieur* of an affluent French household' (35).

1763-8 Note the comic juxtaposition of the legal terms of pompous impassivity with Damis's farcical threat (enhanced by the play on words 'verge'/'bâton').

1772 Dorine points the obvious comedy in the name of Monsieur Loyal. Onomastic* play, with or without irony, is relatively rare in Molière's more naturalistic comedies; however, it is common elsewhere (e.g. George Dandin, Monsieur de Sotenville, Monsieur de Pourceaugnac). Cf. 1825.

1797-804 Orgon takes up the violent tone of Damis, again introducing (though equally again never realizing) the farcical potential for physical action. Furthermore, the second couplet of the quatrain* by its language as well as its physicality provides a comic effect of bathos* in contrast to the first. Damis and Dorine concur in their ensuing contributions (1801-2; cf. 1767-8; 1803-4). Thus despite the sinister and potentially catastrophic implications of Monsieur Loyal's arrival, the terms of this climax remain essentially farcical, and invite a highly-charged and visually arresting treatment.

1799-800 The survival of irony in Orgon's lines shows him retaining some kind of psychological superiority over a purely caricatural figure such as Monsieur Loyal.

1807-10 A further trio of reactions entirely consonant with previous characterization: Cléante closes the scene, thus preventing the threatened physical action from ensuing; Monsieur Loyal gives a characteristically double-edged *adieu*; and Orgon throws a curse out in his wake.

V, v

1814 The final enlightenment concludes the coda* to the primary dénouement, and leaves only the secondary dénouement (the revenge of Tartuffe and its implications) to be resolved.

1815-20 Dorine's final double irony is now made in good humour, because *en connaissance de cause* (reinforced by the opening chiasmus* of 1815). However, even this (notably in 1818-20) points powerfully to the potential ambiguity of a literal interpretation of Christian imperatives.

1821-6 Further consistency ensues in the reprise of topoi*: Orgon silences Dorine, Cléante recommends caution, and Elmire vigorously plans a stratagem.

V, vi

Valère, the final member of the *dramatis personæ*, returns to the stage for the climactic revelations and, vitally, for the formal happy ending.

1827-44 Despite the implausibility of the vicissitudes of the final dénouement, Valère's contribution here at least provides a framework of explanatory detail, as threats accumulate against Orgon, culminating in 1834. However, in 1841 (and cf. the 'procès' alluded to in *Le Misanthrope* V, i), the (potentially tedious) enumeration of specifics is avoided. The description of Tartuffe as a 'fourbe' in 1835 is technically accurate, although his portrayal lacks the attractively roguish elements of Scapin, for example. The introduction of the monarch in the following line juxtaposes the threat of chaos and the rule of order, and prepares the terms of the resolution. As Tobin comments, 'Roi classique, il impose un dénouement classique et autoritaire' (380).

1847-60 Orgon summarizes in a *moraliste**-like *sententia** in 1847 the pessimistic sub-text to comedy. However the magnanimity of Valère in 1848-54 immediately provides empirical counter-evidence, and leads to the preconditions for the generically requisite union of Mariane and Valère.

V, vii

1861-86 The assembled *dramatis personæ* again offer a sequence of reactions to Tartuffe, in alternation with his own interventions (note in particular Mariane's uncharacteristically sarcastic reaction [1873-4] and Orgon's *tutoiement de mépris*, anticipating the *tutoiement* of the condemned man). The transfer in Tartuffe's priorities now occurs from the wishes of heaven to his duty to the state (1871-2; 1879-84). At the same time his rhetoric becomes more formal (anadiplosis* and oxymoron* are both present in 1881) as the language and priorities previously accorded to God are now transferred to the monarch. The terms of the last act therefore increasingly point to the *rex ex machina** as the appropriate level of retributive intervention (in distinction to *Dom Juan*). It is left to the usually iconoclastic Dorine (paradoxically, and therefore potently) to make the explicit link between the king and God in 1885-6.

1865, 1885 The terms of the stage direction ('scélérat') and of the sub-title ('imposteur') are now explicitly (and in 1885 climactically) introduced into the text.

1867-8 Even (or especially) at this stage of the play, multiple levels of irony are in evidence: Tartuffe's manifest fraudulence is doubly ironic (in an informed reading of the text) in the light of ensuing events.

1887-96 Cléante now in a brief reprise of the tone of IV, i appropriately and logically dismantles Tartuffe's *bona fides* in the political domain, as he had earlier in the religious.

1897-8 The rapid changes of addressee (Cléante addressed Tartuffe; Tartuffe now addresses L'Exempt) lead to this triggering couplet, which allows the *coup de théâtre* to ensue.

1899-903 The peripetia* is rapid and effective, to be reinforced by the long tirade of L'Exempt.

1904-44 The set-piece encomium* of Louis XIV (and note the emphatic anadiplosis* of 'prince' in 1906-7) nevertheless incorporates motifs from the play (the emphasis on the king's vision in 1907-10, 1914 and [virtually psychic] in 1919-20; the distinction between 'vrai' and 'faux' in 1915-16). It is further made clear (and thus the resolution more *vraisemblable*) that this is one in a series of criminal episodes involving Tartuffe. The speech concludes with the king fulfilling a quasi-Cornelian function of arbitration (cf. the dénouement of *Le Cid* or *Horace*, for example), weighing the minor offence of Orgon in the affair of the 'cassette' against his previous fidelity to the monarch and against the enduring criminality of Tartuffe.

1945-7 The Cornelian tone is pursued in the rapid exchange of hemistichs*, culminating in the predictable Orgon–Cléante exchange counterpointing excess with moderation.

1951-6 The terms of these lines clearly identify Tartuffe as a simple criminal and therefore, vitally, someone in whom a change may be expected, in distinction to the category of Molière's *obsédés* who, by implication, remain the victims of their obsessive personalities in postdramatic time.

GLOSSARY

alliteration: the recurrence of a given consonant.

anadiplosis: a form of emphatic repetition, whereby a word is repeated in a more stressed position in a line or sequence.

anaphora: the repetition of a sound or syllable at the beginning of a series of lines.

antiphrasis: a form of irony, whereby the opposite is said of what is intended to be understood.

aposiopesis: the failure of expressive capacity manifested through the disintegration of language (usually designated by ellipsis [...]).

assonance: the recurrence of a given vowel.

bathos: an abrupt fall in register, usually with comic effect.

binary: in a sequence of two.

burlesque: a term variously used to designate (more technically) a disparity between register and theme (most frequently a trivial subject expressed in an elevated register); or the parodic use of a traditionally high-register subject; or (more generally) any form of comedy that is broad or exaggerated.

cameo: a term borrowed from decorative art to designate a miniature portrait.

castigat ridendo mores: a phrase introduced to stress the supposed corrective (and thus moral) purpose of comedy.

chiasmus: a form of argument, sentence or sound pattern in the sequence ABCBA etc.

coda: a term borrowed from music to denote an element added after the completion of a formal structure.

concessio: the rhetorical use of an acknowledgment of the interlocutor's position, in order to enhance the speaker's own advantage.

contrerejet: an isolated word or phrase leading into an enjambement* (thus the obverse of *rejet*).

deus ex machina: the miraculous intervention of an external, originally supernatural force to resolve a dilemma or effect a punishment – in the case of *Le Tartuffe* that of the King (*rex ex machina*) to clinch the action at the dénouement.

diptych: a term borrowed from fine art to denote a painting with two equal-sized, hinged panels depicting complementary subjects.

distinguo: a distinction in thought or meaning, associated especially in the period with theological or ethical nuance.

encomium: a formal statement of praise of a king, hero etc.

enjambement: the grammatically uninterrupted movement from one line of verse to the next.

hemistich: half-line.

hyperbaton: the inversion of words or phrases, especially to create emphasis.

hyperbole: exaggeration, overstatement.

in medias res: the technique of beginning a scene or narration without an explanation of the context or causes of the events described.

isocolon: two complementary hemistichs* with mirroring syntax or lexis; thus potentially the two reflecting parts of a binary* alexandrine.

lazzi: a term borrowed from the Italian farce tradition of *commedia dell'arte* to designate the (apparently improvized) exchanges in a comic routine.

litanic: as in a litany, i.e. a sequence of repeated prayers.

litotes: understatement, originally the positive expressed by the negative.

meneur de jeu: a character to whom the business of bringing a given course of action to fruition is fictively delegated. Linked with this function in particular is the elaboration of stratagems, ploys designed to bring about the happy resolution of events by careful psychological manipulation.

metonymy: the substitution of one (literal) word by another (metaphorical) one.

miles gloriosus: the 'boastful soldier' of classical comedy, after a play of the same title by Plautus.

moraliste: an observer and recorder of humankind in society.

neologism: a new word, or the new application of a term.

onomastic: to do with the matter of naming, here more narrowly the comic potential of proper names.

oxymoron: a contradiction in terms, most frequently when an epithet appears to contradict the noun it qualifies.

paralipsis: the denial, preceding a given statement, that such a statement is about to ensue.

parenthesis: a phrase, comment or argument introduced subordinately into a sequence.

peripetia: a change of fortune.

Petrarchan: following the poetic imagery characteristic of the Italian poet Petrarch (1304-74), most notably here in the expression of passion by the gift or exchange of the heart.

polyptoton: a form of repetition whereby emphasis is achieved by a slight variation in the form or function of the word repeated.

précieux: characterized by a certain refinement of speech, most notably in matters of amorous feelings, and identified with the 'salons' of the earlier seventeenth century. Most commonly here the use of conventional metonymy* such as 'feux' or 'flammes' to denote the passion of love.

prolepsis: anticipation within the text of a forthcoming event or course of action.

prosaism: the creation of the impression of prose within versified language (with no implied pejorative sense).

quatrain: a four-line verse sequence.

quiproquo: a term associated with farce, denoting a misunderstanding, misapprehension or misidentification arising from the conventions of farce, especially disguise.

reductio ad absurdum: the deliberate extension of a given position to the point at which it becomes ridiculous.

sententia: a concise and generally moralistic statement offered as a self-evident truth.

stichomythia: the rapid exchange of short units of verse (normally single lines) in dialogue.

synecdoche: the expression of the whole for the part or the part for the whole (thus 'Ciel' for 'Dieu').

ternary: in a sequence of three.

topos: a conventional figure or argument, common to many writers.